KB246179

디베이트 수업

초판인쇄	2018년 01월 25일
초판발행	2018년 01월 31일
지은이	김서영
발행인	조현수
펴낸곳	도서출판 프로방스
마케팅	최관호 최문섭
IT 마케팅	신성웅
편집교열	맹인남
디자인 디렉터	오종국 Design CREO
ADD	경기도 고양시 일산동구 백석2동 1301-2
	넥스빌오피스텔 704호
전화	031-925-5366~7
팩스	031-925-5368
이메일	provence70@naver.com
등록번호	제2016-000126호
등록	2016년 06월 23일
ISBN	979-11-88204-22-9-13370

정가 15,000원

파본은 구입처나 본사에서 교환해드립니다.

전문 강사가 말하는
초등 교육의 혁신

디베이트 수업

김서영 지음

프로방스

"왜 디베이트 수업을 하는가"

중1에 실시하는 자유학기제로 인해 많은 학생들이
디베이트 수업을 하고 있지만 일시적으로 잠시 경험하는 수업에 그치지 않고
융합형 인재가 되기 위한 발판으로 더 많은 학생들이 디베이트를 경험할 수 있는
기회가 만들어졌음 하는 바램을 가져본다.

벌써 10년 전이다.

"멀리 섬까지 들어가서 수업해야 돼요 그래도 하실 수 있죠"

"네 당연하죠"

경상남도 교육청에서 진로커리어코치로 합격했다는 소식을 전해왔다. 기대도 안하고 접수한 이력서였는데 추가 합격자로 연락이 온 것이다. 어릴 때부터 선생님이 되고 싶었다.

초등학교 1학년 담임 선생님이 몸이 약한 나에게 늘 친절하고 상냥하게 대해주신 기억은 성인된 지금도 생생히 남아있다. 선생님의 영향 때문이었을까 공부는 싫었지만 선생님이라는 꿈은 늘 버리지 못했다. 그래서 추가 합격소식이 더없이 기뻤고 감사했다. 중학교 1학년들과 3

시간씩 진로수업을 할 수 있다는 것 자체가 큰 도전이고 기회였다.

　문제는 수업을 어떻게 어떤 내용으로 할 것인가였다. 제일 난관이었다. 같은 진로커리어코치 선생님들과 스터디를 하기 시작했다. 경상남도 진로수업을 위해 총 이십여명의 진로커리어코치 선생님들과 스터디를 하기 시작했다. 내가 수업할 지역은 거제, 통영이었다. 거리상으로 좀 부담스럽긴 했지만 수업을 할 수 있다는 기대감에 거리는 문제가 되지 않았다. 진로수업은 특별한 것이 없었다. 학생들에게 본인의 진로에 대해 진지하게 생각할 수 있는 계기를 만들어 주자는 취지였다.

　그런데 진로 수업내용이 모든 선생님이 거의 비슷했다. 김연아, 박지성으로 시작되는 그래서 동기부여가 그만큼 중요하다는.. 난 너무 뻔한 스토리가 싫었다. 그래서 진로에 관한 새로운 스토리를 위해 학창시절 공부는 못했지만 자신만의 힘으로 진로를 찾은 평범한 이웃들을 찾아 인터뷰를 시작했다. 제과점, 신발가게, 꽃집등 진로수업중 학생들이 내가 인터뷰한 주인공들에게 궁금한 사항을 직접 질문할 수 있도록 전화연결도 시켜주며 수업을 진행했다. 너무 유명한 사람의 스토리는 평범한 학생들에게 동기부여가 어렵다고 느꼈기 때문이다. 학생들의 반응은 폭발적이었다.

내가 진로수업을 시작하면서 목표로 한 것은 한반에 한명이라도 자신의 진로에 관해서 진지하게 고민할 수 있게 도와주는 것이었다. 결과는 대 성공이었다. 진로수업 중 인터뷰한 주인공과 전화 통화를 하면서 본인이 궁금한 점을 질문하기도 하고 스스로의 고민을 털어놓기도 했다. 이렇게 3년 동안 진로수업으로 인터뷰한 4명의 수업 내용은 학생들에게 신선하게 다가오며 자신이 정말 좋아하는 것을 찾아보는 계기가 될 수 있었다. 학생들의 진로를 좀 더 구체화 시켜주기 위해 자신들이 디자인한 명함을 직접 제작해서 선물로 주기도 했다.

이렇게 진로수업을 진행하던 중 고민이 생기기 시작했다. 모든 학생들이 다 수업에 참여할 수 있는 수업은 없을까? 언제나 수업에 적극적으로 참여하는 학생은 한반에 3~4명 정도다. 나 또한 학창시절 내성적인 학생이었으므로 활발히 수업에 참여하는 학생보다는 내성적인 성격으로 인해 자신을 잘 드러내지 않는 학생들이 먼저 눈에 들어왔다. 학생이 주인공이 되는 수업 모두가 참여하는 수업을 찾다보니 디베이트 가 눈에 들어왔다. 9년 전만해도 지방에선 디베이트에 대한 정보가 거의 전무한 상태였고 디베이트란 용어 자체가 생소하게 들리기도 했다.

진로수업을 하면서 방학기간에 서울 디베이트 코치 양성과정을 수료했고 일부 상위1%가 아닌 평범한 학생들도 디베이트 수업의 효과를 볼 수 있다는 확신이 들었다. 진로수업을 하고 있는 학교부터 시작 하여 디베이트 수업을 위해 여러 학교를 찾아다녔다. 재능기부를 할 수 있는 기회만 주어지면 분명히 학생들에게도 좋은 평가를 받을 자신이 있었기 때문이다.

총 10군데 이력서를 내보았지만 한 곳도 받아들려 지지가 않았다. 결국 큰아들 담임 선생님에게 양해를 얻어 창원의 한 학교에서 디베이트 수업을 시작할 수 있었다. 그때 수업을 받은 중1 학생들이 올해 대학을 입학 하게 됐다. 학교생활중 제일 기억에 남는 수업은 디베이트였고 그 이유는 자신에게 가장 큰 변화의 시작은 디베이트 때문이었다고 말해줄 때 그동안 힘들게 수업한 보람을 느낀다.

앞으론 더 이상 한 우물만 파서 좋은 인재가 되긴 힘들다. 다양한 분야의 폭넓은 지식을 가지고 있어야한다. 중1에 실시하는 자유학기제로 통해 많은 학생들이 토론 수업을 하고 있지만, 일시적으로 잠시 경험하는 수업에 그치고 만다. 본인은 많은 학생들이 디베이트 수업을 통해 사회가 원하는 융합형 인재가 되기 위한 발판으로 보다 많은 학생이 토론을 경험할 기회가 만들어지길 바란다.

2018년 1월

저자 김서영

디베이트란?

디베이트라 하면 무조건 어렵거나 힘들다고 생각한다.

내가 7년 동안 디베이트 수업을 하면서 느낀 학생들의 변화와

디베이트 수업이 학생들에게 어떤 영향을 줄 수 있는지 꼭 알려주고 싶었다.

상위 1%가 아닌 평범한 학생들이 제일 선호하고 좋아하는 수업이

디베이트임을 이 책을 통해 꼭 알려주고 싶다.

Contents | 차 례

디베이트 수업이란 무엇인가

디베이트 수업은 교사가 가르치는 수업이 아니라
학생들이 스스로 배우는 수업이다.
즉 학생 중심의 수업이다. 결과보다는 과정을 중시하는 수업이며
이를 통해 민주주의를 배울 수도 있고 학생들의 사고력을
향상 시키는 수업이기 때문이다.

디베이트 수업의 정의

디베이트란? 어떤 문제에 대하여 찬성 측과 반대 측이 각각 의견을 말하며 상대편을 설득하는 기법을 말한다. 최근 수시비중이 70%이상 늘어나면서 학생부종합전형이나 자기 주도 학습 전형을 중요하게 여기게 되었고 주입식 교육에서 벗어나 비판적 사고를 기르기 위한 토론수업이 점차 늘어나고 있다.

중학교 1학년 2학기 수업의 경우 자유학기제를 통해 토론수업으로 진행하고 있는 학교가 늘어나고 있는 추세다. 특목고 학생들만 가능할 수 있다고 생각되었던 토론수업이 이처럼 늘어나고 있는 이유는 간단하다. 이젠 하나의 정답만이 중요한 시대가 아니라는 것이다.

다양한 주제들에 대한 디베이트 수업을 통해 학생들이 자신들의 생각을 정리하고 조리 있게 발표, 상대방의 주장에 대해 경청, 서로의 주장에 대한 소통, 팀워크를 통해 서로를 배려하는 방법을 토론수업을 통해 배울 수 있기 때문이다.

디베이트의 사전적 의미는 격식을 갖춘 토론이란 뜻이다. 엄격히 말하면 토론, 디베이트는 좀 다르다.

토론과 디베이트의 차이점은 사회자 역활과, 엄격한 규칙이다.

토론 VS 디베이트

토론	디베이트
대립적 논제	대쟁점이 분명한 한 가지 논제
사회자가 중요한 역할	엄격한 규칙
형식적 제약이 없다	형식적 제약이 뚜렷하다
아이디어공유 방안을 모색	상대를 설득 관점 변화를 도모
상호 협조적 사고	상호 경쟁적 사고

토론은 어떤 문제에 대해 찬성, 반대의 의견을 자지고 자신의 주장을 말하는 것이라면 디베이트는 토론처럼 찬성, 반대의 의견만 가지고 자신의 주장을 말하는 것이 아니라 한 가지 주제에 대한 찬성과 반대의 양쪽 주장을 모두 준비해야하며 준비과정에서 구체적이고 객관적인 근거 특 출처가 분명한 자료를 제시할 수 있어야한다.

디베이트 수업에서 가장 중요하게 생각하는 부분이 '경청'이다. 요즘엔 자녀가 한 명인 가정이 많다보니 아무래도 학생들이 소통, 배려가 부족한부분이 많다. 특히 경청은 아무리 강조해도 지나치지 않을 정도다. 우리가 흔히 말을 잘하는 사람은 지식이 많은 사람이라고 알고 있는데 절대 그렇지 않다.

말을 잘하는 사람은 경청을 잘 하는 사람이다. 디베이트 수업에서도 경청을 제일 중요시 여기는 이유는 상대방의 말을 듣지 않고서는 결코 상대방과 소통할 수 없기 때문이다.

이젠 성적만 우수해서 인재가 되기는 힘들다. 학업성적보다 더 중요한 것이 타인과의 소통 능력, 혹은 설득할 수 있는 능력이라고 생각한다. 디베이트 수업은 이런 기술을 배우는 데에 더없이 적절한 시간이 될 것이다.

여기서 디베이트 수업의 긍정적인 효과를 알아보자.

1.리서치 훈련이 된다.

디베이트 수업의 주제가 정해지면 수업에 참가하는 학생들은 디베이트 주제에 대한 자료를 직접 찾아서 입안서를 작성해야한다. 초보일 땐 어떤 자료를 어디서, 어떻게 찾는지 몰라서 시간이 많이 걸리지만 수업 경험이 쌓일수록 학생 스스로 디베이트에 관련된 쟁점을 생각하며 리서치할 수 있는 능력을 갖추게 된다.

2. 말하기와 읽기, 글쓰기가 탁월해진다.

디베이트는 상대방의 말을 경청하고 반론, 재반론의 과정을 통해 듣기와 말하기 훈련이 된다.

찬성, 반대의 입론을 준비하는 과정에서 논리적으로 글 쓰는 방법을 익힐 수 가있다.

또 디베이트를 할 때 기본적인 목소리 크기와 말의 속도, 논리적으로 말하는 능력이 향상될 수 있다.

6월 정도 토론 수업을 한 학생이라면 대중 앞에서 말하는 것에 대한 두려움을 이길 수 있고 자신감도 얻을 수 가 있게 된다

3. 학교 성적이 향상 된다.

시사 디베이트의 경우 고등학생이면 사탐과목과 국어, 영어성적이 좋아진다. 왜냐하면 3~4분동안 집중하며 경청하고 질문하는 것이 습관이 되다 보니 학교 수업수간에 집중력은 당연히 높아진다.

디베이트 수업 시 훈련된 집중력과 지식이 바로 성적과 직결되는 것이다. 또 독서토론은 책을 읽기 싫어하는 학생들에게 책을 재미있게 읽게 함으로써 책에 대한 거부감을 드러낼 수 가있다.

스스로 자료를 조사하고 분석하는 과정에서 자기 주도 학습이 이루어지고 이를 통해 자연스럽게 학교 성적향상으로 이어지는 것이다.

4. 비판적 읽기, 듣기 훈련이 된다.

디베이트 수업에 참여한 학생들은 자료 조사를 직접 해야 되는데 여기서 찬성뿐 아니라 반대 주장도 같이 생각해야하며 반론, 재반론도 준비해야 하기 때문에 입체적 글 읽기, 혹은 비판적 글 읽기가 가능해진다. 또 디베이트의 기본인 상대방의 경청하고 반론하는 과정에서 듣기훈련을 자연스럽게 이루어진다.

5. 인성, 창의력 향상에 도움이 된다.

디베이트는 상대방의 입장에서 생각할 줄 알아야한다. 자신의 입장에서 논리적이고 객관적인 근거로 주장을 펼쳐야 함과 동시에 상대측의 주장에도 귀를 기울려야한다. 디베이트는 옳고 그름을 따지는 수업이 아니라 서로 배려하며 소통을 알아가는 수업이기 때문이다. 혼자만 잘해서 토론을 잘할 수 없기 때문에 이다.

디베이트 수업은 교사가 가르치는 수업이 아니라 학생들이 스스로 배우는 수업이다.

즉 학생 중심의 수업이다. 결과보다는 과정을 중시하는 수업이며 이를 통해 민주주의를 배울 수도 있고 학생들의 사고력을 향상 시키는 수업이기 때문이다.

수업 진행 방식

처음 토론 수업을 접하는 학생들을 만나면 디베이트와 토의, 토론의 차이를 먼저 알려준다. 초등학생의 경우 이론적인 설명을 아무리 해줘도 지겹다고 생각하기 때문에 바로 실습에 들어간다. 실습하면서 이론과 접목해서 설명해주면 더 빠른 이해를 도울 수 있기 때문이다.

6년 전 재능기부로 초등학교 4~6학년과 디베이트 수업을 진행했다. 무작정 학교로 전화를 걸어 3. 4학년도 좋고 5, 6학년도 좋으니 재능기부를 할 수 있도록 부탁을 드렸다. 학교 선생님과는 일면식도 없는 상태였으므로 전화를 받은 방과 후 담당 선생님이 많이 당황하셨다. 그렇지만 디베이트에 관한 설명을 들으시곤 교장선생님과 상의 후 연락을 주셨다. 4~6학년 8명과 두 달 정도 수업 진행이 가능하다고 하셨다. 일주일에 2번 수업시간은 1시간 30분 이렇게 초등학생 디베이트 수업을 시작했다. 수업에 참여한 학생들의 대부분은 방과 후 논술수업을 받고 있었으며 학교에서 공부도 꽤 잘하는 학생들로 이루어졌다.

첫 수업 시간에 참석한 학생들에게 소감을 묻자 디베이트가 어떤 수업인지도 모르고 선생님의 권유로 참여하게 되었다고 했다. 얼떨결에 수업에 참석한 8명과 간단한 자기소개 후 첫 수업을 시작했다.

디베이트가 어떤 수업인지 알려주었고 학생들은 토론 수업이구나! 뭐 이 정도 해석하는 분위기였다.

디베이트 수업의 특징이 한 사람도 빠짐없이 단상 앞으로 나가서 발언을 해야 함을 알려주며 한 달 후 내 모습이 어떻게 변화되었는지 꼭 확인해보자고 했다.

학년도 다르고 학년이 같으면 속해있는 반이 달랐다. 그래서 첫 수업 시 서로 서먹해 하고 어색해하는 분위기가 많았다. 이러한 분위기를 없애고 서로 빨리 친해질 수 있는 방법친해질 수 있는 방법을 생각하다 인터뷰게임을 시도했다. 각자 자기소개하기가 쑥스러우니 상대방을 인터뷰해서 소개해주는 것이다. 상대방을 인터뷰할 질문을 최소

10개 이상 작성하게 하고 1:1로 짝을 지어서 인터뷰를 시작하는데 가위 바위 보로 먼저 인터뷰할 순서를 선정하게 한다. 인터뷰를 잘 한 학생에게 상품이 있음을 미리 알려주면 인터뷰 수업을 꽤 진지하게 임하는 모습을 볼 수 있다.

학생들이 인터뷰 시 제일 많이 하는 질문 10개를 뽑아보면

1. 이름이 무엇입니까?
2. 좋아하는 취미는 무엇입니까?
3. 제일 싫어하는 과목은 어떤 건가요?
4. 자신이 제일 잘하는 것은 무엇인가요?
5. 본인의 꿈은 무엇인가요?
6. 현재 학원은 몇 개를 다니고 있나요?
7. 주말은 어떻게 보내고 있나요
8. 디베이트 수업에 참여하게 된 동기는 무엇인가요?
9. 본인의 성격을 말해주세요
10. 장래희망은 무엇입니까?

등 형식적인 질문이지만 서로 질문과 대답을 교환하며 진지하게 인터뷰에 임하는 모습을 볼 수 있다.

인터뷰 시간이 지나면 한 사람씩 앞으로 나와서 상대방 인터뷰 내용을 발표하게 한다. 자기소개가 아니라서 훨씬 덜 부끄러워한다. 이때 발표하는 모습을 보면 대충 학생의 성격을 알 수 있다. 1:1 짝 인터뷰를 마치고 인터뷰 후 소감을 알려달라고 하면 같은 수업을 하는 친구에 대해 자세히 알게 되었다는 거의 공통적인 의견이 주로 많고 어떤 친구는 나와 비슷한 취미를 가지고 있고 성격도 비슷해서 인터뷰하면서 친해졌다는 친구들도 있다.

이렇게 인터뷰 시간을 마치고 나면 본격적인 수업을 시작하게 된다. 수업의 시작은 발음 발성연습이다. 디베이트는 상대방을 설득하는 과정인데 이때 발음이 부정확하거나 발성이 안 되어 상대방과 소통이 어렵다면 토론 자체가 힘들기 때문이다. 발음, 발성 연습을 하다보면 자연스럽게 서로 웃으며 긴장을 풀수 있는 장점도 있기 때문에 1석 2조의 효과도 볼 수 있다. 다음은 기본적인 발성연습이다.

"한 사람씩 서서 목에 힘을 주는 것이 아니라 배에 힘을 줘서 복식호흡으로 발음을 해보는 겁니다"
"아 에 이 오 우 5번씩 반복해서 읽기"
"히 헤 하 호 후 5번씩 반복해서 읽기"

처음엔 웃으면서 시작하지만 5번이 다 되어 가면 제법 큰소리로 정확한 발음을 하는 것을 볼 수 있다.

단 큰소리로 하지 않으면 한 사람씩 목소리가 들릴 때까지 다시 반복해서 발음 연습을 시킨다.

이렇게 기본적인 발성 연습을 마치면 한 사람씩 간단한 문장을 읽어보게 한다.

"간장 공장 공장장은 강 공장장이고, 된장 공장 공장장은 공 공장장이다."

"저기 저 뜀틀이 내가 뛸 뜀틀인가 내가 안 뛸 뜀틀인가"

"멍멍이네 꿀꿀이는 멍멍해도 꿀꿀하고, 꿀꿀이네 멍멍이는 꿀꿀해도 멍멍하네"

"우리 집 옆집 앞집 뒷 창살은 흩겹 창살이고, 우리 집 뒷집 앞집 옆 창살은 겹 흩 창살이다."

문장을 읽다가 발음이 틀리면 바로 다음 학생이 이어서 다시 읽게 한다. 발음이 어려운 만큼 틀리는 횟수도 많아지고 빨리 읽기도 쉽지가 않다. 친구들이 실수를 하면서 서로 어색한 분위기를 없앨 수 있고 한바탕 웃고 나면 수업 분위가 훨씬 활기차진다. 어색해 하는 시간이 조금 지나면 간단한 스피치를 하게 한다. 스피치 주제는 내가 제일 좋아하는 것에 대한 것도 좋고, 지금 내가 제일 하고 싶은 것, 엄마에게 꼭 부탁하고 싶은 말도 좋다. 나는 당시 지금 현재 엄마에게 꼭 부탁하고 싶은 것으로 스피치 주제를 정하고 각자 10분 정도 스피치 내용을 정리하게 한 후 한 사람씩 스피치를 하게 했다.

목소리가 작아서 안 들리는 학생, 너무 떨려서 스피치를 하다말고 가만히 서 있는 학생, 교탁에 나가는 자체가 힘들어 그냥 자리에 앉아서 발표를 하겠다는 학생까지 평소 반장, 부반장처럼 학생 간부가 아닌 이상 교탁에서 말할 기회가 거의 없는 학생들은 교탁 앞에 나가는 자체가 너무 힘든 것이다. 너무 떨려서 도저히 스피치가 안되는 학생은 본인 이름을 크게 말하고 자리로 돌아가게 한다. 스피치 시간 후 떨리는 가슴도 진정 시킬 겸 간단한 게임을 진행 후 첫 시간을 마무리한다.

1시간 30분 수업으로 진행됨으로 한 시간 수업 후 10분 정도 휴식을 취한 후 두 번째 수업으로 들어간다. 이때 바로 디베이트 이론이나 실습에 들어가진 않고 학생들이 관심 있는 주제로 간단한 토론부터 시작한다. 내가 재능기부로 수업을 진행한 학교는 친구들을 이름이 아닌 별명으로 부르는 게 유행이 되어 학생들 사이에 본인의 의사와 상관없이 별명으로 불리는 것에 대한 거부감이 상당히 높았다.

별명을 외모와 관련해서 부르는 친구도 있었고 친구의 단점을 확대해서 별명으로 부르는 친구들도 많았기 때문이다.

초등학교 4학년이면 사춘기가 시작되는 시기인데 이때 민감한 친구들은 자신의 외모와 관련된 별명으로 인해 고민이 많았다. 이러한 이유로 우린 이름 대신 별명을 불러도 된다는 주제로 토론 수업을 진행했다.

토론수업에 참여한 친구들의 의견이 자연스럽게 찬성 반대로 의견이 나누어지는 바람에 수업은 쉽게 진행될 수 있었다. 찬성과 반대 의견을 각 모듬 조별로 작성해 보기로 하고 각 팀당 1~2개 정도의 의견이면 충분하다는 조건을 제시했다. 학생들은 어렵지 않게 주장과 근거를 찾을 수 있었다. 물론 본인들의 주관적인 주장, 근거가 대부분이지만 자신들이 생각을 정리해서 얘기하는 것만으로도 수업은 성공한 것이다.

〈반대〉

"친구가 원하지 않는 별명은 친구에게 상처받을 줄 수 있습니다."

〈찬성〉

"별명을 부르면 친구와 더 정이 쌓입니다."

〈반대〉

"친구가 싫어한다는 의사를 나타냈음에도 불구하고 자꾸 별명을 부르면 결국 친구와 멀어질 수밖에 없습니다."

〈찬성〉

"꼭 나쁜 별명만 있는 것은 아닙니다. 또 친구에게 별명을 부른다는 것은 그만큼 친구와 친하다는 표시입니다."

각자 자신이 생각하는 찬성, 반대의견을 제시하면서 서로의 생각이 다를수 있음을 알게 되고 다름을 인정하는 과정도 배우게된다.

교사의 자격

지금까지 수업의 형태는 지식을 맹목적으로 주입만 시켜왔다고 해도 과언이 아니다. 획일적인 수업과 항상 정답만 암기하는 학생은 미래인재로 적합하지 않다. 학생이 주체가 되어 스스로 배우는 수업이 필요한 것이다. 디베이트 수업은 결과보다는 과정을 중요시하는 학생 중심의 수업이다.

10년 전 진로수업을 하면서 수업의 주인공이 학생이 되어야 한다는 생각을 가지게 되었다. 한 반에 소수만 참여하는 수업이 아닌 학생 전체가 수업의 주체가 되어 이끌어가야 한다고 생각했다. 그래야 학생들이 수업에 흥미를 느끼며 자신도 발전할 수 있기 때문이다. 이런 고민의 해답은 디베이트였다. 교사의 일방적인 수업이 아닌 학생 스스로가

만들어가는 수업, 디베이트를 배우면서 사막에서 오아시스를 찾은 것
처럼 기뻤던 것은 분명히 이 수업이 학생들에게 많은 변화를 가져올
수 있다고 믿었기 때문이다.

　디베이트 수업의 특징은 수업준비 자체를 학생 스스로 한다는 것이
다. 그러므로 학생들이 수업에 흥미를 갖게 해주는 것이 무엇보다 중
요하다. 앞서 초등학교 첫 수업에 인터뷰게임이나 간단한 발음 연습,
스피치를 하는 이유는 토론 수업이 결코 지루하거나 어렵지 않다는 인
식을 심어주기 위해서다. 또한 충분히 재미있는 수업이란 인식을 심어
줘야 하는 이유는　교사의 수준보다 학생들의 수준에 맞춰져야 하기
때문이다.

"어떻게 수업에 참여하게 됐어요?"
"친구 따라 왔어요"
"디베이트가 어떤 수업이라고 생각해요?"
"말을 논리적으로 잘하게 가르쳐주는 수업요"
"왜 말을 잘하고 싶어요?"
"내성적인 성격 때문에 제 생각을 말하는 게 힘들어서요"

　디베이트 수업에 처음 참여한 학생들은 수업의 경험이 없기 때문에

막연한 마음으로 참여하는 경우가 많았다. 왜 수업에 참여하게 됐는지 설문조사를 해보면 디베이트 수업을 하면 논리적으로 말을 잘할 수 있고 한 번도 해본 적이 없어서 호기심에 참여하게 됐다는 학생들이 많았다. 첫 수업을 하고 나면 거의 모든 학생들이 디베이트 매력에 빠지게 된다. 그 이유는 단순히 정보를 암기하는 과정이 아닌 정보에 관한 이해력이 수반되어야하고 또 이해력을 바탕으로 상대방을 배려, 경청하는 과정에서 논리적으로 설득하는 방법을 익힐 수 있기 때문이다.

처음 수업에 참석한 학생들 대부분은 교탁에서 서 있는 자체도 힘들어하는 경우가 많다. 평소에 말을 논리적으로 하는 것 까지는 아니더라도 타인 앞에서 말하는 자체가 어려움을 느껴 디베이트 수업에 참석한 학생들이 더 많기 때문이다. 그래서 처음 수업에 참석한 학생들에겐 많은 용기가 필요하다.

교탁 앞에 서 있는 자체로만 칭찬을 해줘야 한다. 다른 친구들이 모두 자신만 보고 있는 시간을 버티는 것만으로도 대단한 용기가 필요하기 때문이다.

첫 수업만 봐도 알 수 있듯이 디베이트 코치는

첫째

학생들에게 칭찬을 아끼지 말아야한다. 무조건적인 칭찬은 오히려 독이될 수 있지만 적절한 칭찬은 자신감을 심어주는데 더 없는 효과를 낼 수 있다.

둘째

상대방 말을 경청하고 배려하는 습관을 잡아주어야 한다. 우리 학생들이 제일 안 되는 부분이 바로 경청이기도 하다. 자신이 하고 싶은 말만 중요하게 생각하고 상대방의 말은 제대로 듣지 않고 무시해버리거나 듣는 척만 하는 경우가 많기 때문이다. 이런 경우 소통이 제대로 이루어지기 힘들다

셋째

글쓰기 지도가 가능해야 한다. 디베이트의 입론서는 주장하는 글쓰기다 평소 주장하는 글쓰기가 익숙하지 않은 학생들에게 토론개요서 작성부터 주장하는 글의 핵심을 잘 짚어줄 수 있어야 한다.

넷째

배틀후 정확한 피드백을 할 수 있어야 한다. 디베이트 수업 후 막연한 칭찬은 삼가 해야 하듯이 한 주제로 토론 후 어떤 점을 수정해야 하고 어떤 부분이 좋았는지 정확하게 짚어줄 수 있어야 한다.

다음은 초등부 고학년과 '초등학생에게도 이성 친구가 필요하다'
란 주제로 수업을 할 때의 토론 내용이다.

"이성 친구가 생기면 신경 쓸게 너무 많기 때문에 공부에 방해가 될
수 있습니다"
"용돈도 많이 필요하고 취미 생활도 같이 해야 되니 시간도 많이 필
요하기 때문입니다."
"그럼 안 만나면 되죠"
"물론 안 만나면 되지만 우린 지금 초등학생에게 왜 이성 친구가 필
요한가에 대해 반대 측 주장과 근거를 말하고 있는 겁니다"
"그러니까 안 만나면 이런 문제가 필요 없잖아요"

상대방의 의견을 듣고 어떤 점으로 인해 찬성하는지 반대하는지를
논리적으로 설득하는 과정임을 알려주고 상대측의 의견을 잘 듣고 그
근거가 타당한지, 논리적으로 어떤 주장을 펼치고 있는지 알기 위해
경청의 중요성이 얼마나 필요한지도 알려주었다. 아무런 근거 없이 내
생각만 옳다고 밀어붙이는 억지스러움은 전혀 설득력이 없다는 점도
같이 알려주었다. 이렇듯 상대방의 주장, 근거를 듣지 않고 자신의 고
집을 피우고 사례도 적지 않다. 교사가 어떤 예시를 드는 것보단 배틀
을 시켜봄으로써 학생들이 스스로 바른 습관을 잡을 수 있도록 도와주

어야 한다.

다섯째

디베이트 수업을 하다 보면 토론 배틀시 실력이 좋은 학생들과 팀을 하고 싶어 하는 학생들이 많다. 그래야 배틀 후 승리 할 가능성이 높기 때문이다. 디베이트가 단순히 이기고 지는 승리를 목적이 아닌 수업의 결과 보다 수업의 과정을 더 중요시하기 때문에 상대방에 대한 공감 능력과 소통과 배려가 기본이 되어야 하는 수업임을 인식시켜 주어야 한다. 팀 배틀을 어느 한 사람의 실력만으로 좋은 결과를 낼 수 없다. 팀워크가 절대적으로 필요한 수업임을 학생들에게 인식시켜 줄 필요가 있다.

여섯째

디베이트에서 자료수집과 분석, 어휘력 공부는 필수다. 글쓰기는 학생들이 말하는 것만큼 어려워하는 부분이다. 글쓰기는 우선 작문의 기본인 어휘와 관련된 공부를 많이 해야 한다. 평소에 어휘력이 약한 아이는 책을 많이 안 읽었다고 생각하면 된다. 독서량이 결국 어휘력을 좌우하기 때문이다. 학년에 맞는 추천도서를 선호할 것이 아니라 학생의 수준에 맞는 읽기 공부를 시켜야 한다. 간단한 책부터 읽기 시작해서 점차 수준을 높여가는 것이 바람직하다. 어휘력 공부는 외우는 것에 집중하지 말고 친구들과 서로 어휘력 설명하는 게임으로 풀어가다 보면 지루하지 않게 수업을 진행할 수 있다. 디베이트는 어려운 수업이 아니라 재미있는 수업임을 느끼게 해주어야 한다.

일곱째

토론 주제가 정해지면 자료조사를 어떻게 해야 할지 막막해하는 학생들이 많다. 이럴 경우 수업을 담당하는 교사가 주제에 대해 조사된 샘플을 보여주며 자료조사의 예시를 알려주는 것도 좋은 방법이다. 처음부터 자료조사를 잘 하는 학생은 없기 때문이다. 문제 풀고 정답 찾기에 익숙해진 아이들에게 갑자기 문제 해결방법을 위한 근거자료를 찾는 것이 수업 자체를 어려워할 수 있는 계기가 될 수 있기 때문에 교사가 찾은 자료를 예시로 보여주며 수업을 이끌어야 한다. 예시를 드는 수업을 3개월 정도 진행하면 학생들도 지나면 어떤 자료를 찾아야 수업에 활용 수 있는지 감을 잡을 수 있기 때문이다.

뭐든 첫술에 배부를 수는 없다. 처음엔 주제에 관한 자료조사를 한 장만 찾아보게 하다 두 장 세 장 늘려가다 보면 점차 자료조사 하는 것을 어려워하지 않고 그 자체를 즐길 수 있게 된다. 토론 수업 시 마지막 배틀에 관한 피드백은 오로지 교사의 몫이다. 아무리 준비를 많이 했더라도 배틀 전엔 상대방의 주장과 근거를 알 수 없기 때문에 수업하는 내 긴장할 수밖에 없다. 그러므로 배틀을 마치면 수업을 준비한 부분에 관한 칭찬부터 해야 한다. 40분 정도 배틀을 위해 어떻게 준비했는지 알기 때문이다. 개인적인 칭찬보다는 팀 전체의 팀워크에 대한 칭찬과 보완점을 구체적으로 알려 줄 필요가 있다. 학생들은 막연한 칭찬을 듣고 싶은 게 아니라 구체적인 보완점을 알고 싶어 하기 때문이다. 학생들이 토론을 하면서 놓친 부분이 있거나 상대팀에게 맞지 않는 질문이 오간 건 없는지 토론주제에 관한 쟁점파악은 잘 됐는지도 알려 줘야 한다. 교사의 칭찬은 다음 토론 수업을 준비하는 학생들에게 충분한 동기 부여가 되기 때문이다.

학생들의 반응

초등학생 1학년들과의 디베이트 수업 때 재미있었던 일이 생각난다. 첫 시간 발음 연습과 스피치 수업 후 세 번째 수업부터는 간단한 주제로 토론을 해보기로 했다.

첫 토론주제는 '엄마도 휴가를 줘야 한다'

1학년 학생들이라 그런지 엄마에게 휴가를 줘야 하는 것에 대해 불만이 많았다. 서로 반대 팀을 하겠다고 주장하는 바람에 결국 제비뽑기로 찬성, 반대로 팀을 나눴다. 원탁토론과 같이 둥글게 앉아서 하는 토론으로 수업을 진행했다.

[찬성]

"엄마에게 휴가는 꼭 필요 합니다. 왜냐하면 엄마도 사람이기 때문입니다"

"엄마에게도 휴가를 줘서 친구를 만나게 하는 것이 좋을 것 같습니다"

[반대]

"저는 엄마에게 휴가가 필요 없다고 생각합니다. 왜냐하면 학교 다녀와서 엄마가 휴가 가고 없으면 속상하기 때문입니다"

"엄마에게는 가족이 있기 때문에 구지 따로 휴가가 필요하지 않습니다"

(교차 질의)

[찬성]

"엄마도 쉬는 시간이 필요합니다. 우리가 학교 다녀와서 엄마가 없어 속상한 것 때문에 엄마에게 휴가를 안 준다는 것은 너무 이기적입니다 "

[반대]

"아닙니다. 우리 엄마는 휴가가 필요 없습니다. 왜냐하면 우리 가족과 함께 있을 때 더 행복하기 때문입니다."

[찬성]

"우리도 친구와 놀 때가 행복하듯이 엄마도 친구와 놀 수 있게 휴가를 줘야합니다 엄마는 늘 집에만 있어야 하나요?"

[반대]

"엄마가 휴가 가고 없으면 빨래, 밥은 누가 하나요?"

[찬성]

"빨래는 세탁기가 하면 되고 밥은 밥통이 하면 됩니다."

[반대]

"만약에 엄마가 휴가 가서 안 오면 어떻게 합니까?"

[찬성]

"딱 하루만 휴가를 주고 하루 지나면 집으로 꼭 돌아오기로 약속하면 됩니다."

이 수업의 결론은 엄마도 휴가를 줘야 한다는 찬성 팀이 우세한 수업으로 끝났다. 토론을 마친 후 학생들에게 소감을 물었더니 모두 엄마에게 휴가가 필요한지 처음 생각하게 됐다고 했다. 요즘은 맞벌이가 많아서 대부분의 엄마들이 직장을 다니는 경우가 많지만 내가 수업한 1학년 학생들의 경우 엄마가 전업주부인 경우가 더 많았다. 엄마의 휴가에 대해 한번 도 생각하지 않았던 학생들이 토론 후 엄마에게도 휴가가 필요하다는 것을 알게 되었다며 지금 당장은 힘들지만 아빠와 의논해서 꼭 휴가를 보내주겠다고 했다.

본인과 다른 입장에서 토론을 하게 된 찬성 팀의 학생들도 제비뽑기로 강제적으로 찬성한 것이지만 사실 마음속으론 엄마에게 휴가를 주면 아빠와 난 어쩌지? 란 생각에 반대의견을 가지고 있었다고 했다. 그런데 토론이 끝난 후 엄마도 친구들과 놀 수 있게 휴가가 필요하겠다는 생각을 가지게 되었다고 한다. 이처럼 토론을 자주 하다 보면 '역지사지' 상대방 입장이 되어 생각하는 되는 습관을 지닐 수 있게 된다. 내 생각이 다 옳은 것임이 아님을 알게 되는 것이다.

초등학생의 경우 고학년으로 올라갈수록 수업의 수준 차이는 많이 난다. 1학년의 경우 수업의 집중시간이 짧다 그래서 한번 수업에 2시간을 해야 하는 토론 수업을 힘들게 느낄 수도 있다. 그렇지만 3학년부터는 얘기가 다르다 토론을 잘하기 위해 수업을 참석하는 경우가 더 많기 때문에 수업 도중에 자리를 이탈하는 경우는 드물다. 한 주제로 토론 수업을 진행하고 나면 본인도 잘 몰랐던 부분에 관한 지식을 알아간다는 뿌듯함으로 수업에 더 열심히 참여하는 사례가 많아지는 것이다.

'초등학생 휴대폰을 금지해야한다' 는 주제로 3~4학년 수업을 진행했었다. 요즘 휴대폰 없는 초등학생은 찾아보기 힘들다. 학생들은 이 주제로 수업하면서 휴대폰의 장점, 단점에 대해 구체적으로 알게 되었다고 했다. 어떤 한 주제로 토론을 하고 나면 대부분의 학생들은 새로운 지식을 알게 되어 수업에 더 적극적으로 참여하게 된다. 하지만 소수의 몇 명 학생들은 내가 너무 부족함이 많다는 걸 알게 되었다며 의기소침해지는 경우도 있다. 평소에 말을 잘하는 것과 토론을 잘하는 것은 엄연히 다르다 토론은 말이 논리적으로 전개되어야 하며 객관적인 증거로 상대방을 설득할 수 있어야 한다. 그래서 토론 수업을 1년 정도하고 나면 당연한 말이겠지만 말하는 습관이 논리적으로 바뀌게 된다. 서론, 본론, 결론의 구조가 확실해지는 것이다.

1년 전 귀엽게 생긴 여학생 두 명이 수업에 참여하게 됐는데 한 명은 본인의 우유부단함을 바꾸기 위해서 다른 한 명은 막연히 친구 따라 왔다고 했다. 그런데 이 두 학생이 3개월 수업 동안 교차 질의가 전혀 안 되는 것이다. 여기서 교차질의란? 상대방의 질문에 질문을 통해 상대방의 논리에 맞서는 것을 말한다.

교차질의가 시작되면 그저 서 있다가 제자리로 돌아오는 시간이 계속되었다. 난 두 학생에게 토론은 정답이 없으니 객관적인 근거가 아니라도 좋으니 본인의 생각을 말해볼 것을 매번 권유했다. 수업시간마다 힘들어하는 모습이 안쓰러웠기 때문이다. 그렇게 5개월이 지나고 첫 질문을 시작으로 말문이 트이더니 수업마다 놀라운 속도로 성장하는 모습을 보여줬다. 제일 먼저 바뀐 변화로는 자신감이 생겼다고 했다.

매번 친구들의 부탁을 거절하기 힘들었는데 토론 수업 후 거절을 할 수 있는 용기가 생겨 너무 행복하다고 했다.

또 다른 친구는 토론 주제로 조사를 하다 보니 본인의 적성에 맞는 진로를 찾을 수 있게 되었다고 했다. 평소 막연한 관심만 가지고 있었던 분야였는데 토론을 해봄으로써 더 구체적으로 알게 되고 교차 질의를 하면서 장점, 단점을 확실히 파악할 수 있어 본인의 적성에 맞는 진로를 정하는 데 많은 도움이 되었다는 것이다. 이처럼 토론으로 인한 자신감으로 자신의 진로를 찾은 학생, 성격이 바뀜으로 인해 학교생활이 즐거워진 학생들도 많았다.

보통 토론 수업의 효과를 보기 위해선 시간이 많이 필요하다고 생각하는데 1일 특강만으로도 충분히 동기부여를 줄 수 있다. 토론은 온전히 학생들이 수업의 주인공이 되고 스스로 준비해야 수업이 가능하기 때문에 그만큼 수업에 애착도 가지게 되는 것이다. 짧은 배틀 시간임에도 불구하고 한 번이라도 토론 실습을 해본 학생들 대부분은 너무 스릴 있고 수업시간이 짧게 느껴진다며 기회가 되면 꼭 하고 싶은 수업이라는 소감을 들려주기도 한다. 자신들이 주체가 되는 수업을 처음 접했기 때문에 수업이 지겹지 않고 짧게 느껴졌을 것이다.

초등학교 6학년들과 1년 수업 후 각자 느끼는 변화된 점을 써보기로 한 시간이 있었다.

"수업할 때마다 떨리지만 어느 순간 제가 변해있음을 알 수 있었어요 수업시간에 발표를 잘하게 됐거든요 공부가 재미있다고 생각한 적이 없었는데 이젠 수업시간에 적극적으로 참여하다 보니 공부가 재미있어지네요 다른 친구들도 꼭 토론 수업의 기회가 있었으면 좋겠어요"

"어느 순간 제가 좋아졌어요 한 번도 제 자신에게 사랑한다고 말한 적이 없는데 1년이 지난 지금 친구에게도 먼저 다가갈 수 있고 친구관

토론 수업은 경청이 기본이고 상대방에 대한 배려나 우리 팀에 대
한 배려도 반드시 갖고 있어야 된다. 아무리 친한 사이라도 토론 배틀
시 서로 존칭을 써야 하는 것, 상대방 말을 도중에 끊거나 인신공격을
하면 안 되는 수업의 기본이 몸에 배면 상대방을 배려하는 습관이 생
기는 것이다. 우리가 흔히 학교 공부를 잘하면 토론을 잘할 것이라고
생각한다. 그러나 이건 엄연히 다르다. 공부를 잘한다고 해서 모두 토
론을 잘하는 것은 아니라는 뜻이다. 토론은 암기만 잘해서 되는 것이
아닌 이해력과 설득력, 순발력도 갖추어야 하기 때문이다. 토론 수업
후 제일 변화를 먼저 느끼는 사람은 당연히 어머니들이다. 평소 자녀
모습과 달라진 모습을 보면서 본인들보다 어머니가 더 뿌듯함을 느끼
신다고 한다.

학생을 주인공으로

　　10년 전 진로수업을 하면서도 느낀 점이지만 우리의 지금까지 수업형태는 90% 이상이 선생님 위주로 수업이 진행되어왔다. 물론 주입식 교육을 무조건 나쁘다고만 볼 수는 없다. 단 기간 실력향상을 시키는 데는 분명 도움이 되기 때문이다. 그럼에도 불구하고 실습을 통해서 알 수 있는 지식까지도 모조리 외워야 할 대상으로 치부되는 점은 주입식 교육의 단점이라고 볼 수 있다. 문제=답 형식의 수업은 창의적인 인재를 만들 수 없다고 생각한다.

　　수업의 주인이 학생이 아닌 교사가 되다보니 학생들의 수업참여도는 낮을 수 밖에 없다. 수업시간에 잠을 자는 학생, 떠드는 학생, 집중을 못하는 학생까지.. 디베이트 수업은 보통 2시간을 기본으로 한다.

학교수업을 초등학생을 기준으로 40분이라고하면 디베이트는 1:20 ~ 1:30정도 수업을 하게 되는 것이다. 일반 교과목 선생님이 디베이트 수업 시간을 보시면 한결같아 하시는 공통된 질문을 하신다.

"이렇게 긴 시간 애들이 견딜 수 있나요?"

"네 당연하죠"

"학생들의 수업의 참여도는 어느 정도 되나요?"

"100% 요"

"그게 가능한가요?"

"가능합니다. 한명도 자거나 수업을 구경하는 학생은 없어요"

"생소한 수업이기도 하고 정말 학생들이 수업참여도가 궁금해서 그런데 방청해도 될까요?"

"네 그러세요"

이런 식으로 토론 수업의 높은 참여도에 대해 의심을 품은 선생님은 지금까지 셀 수 없이 많았다. 한 교실에 다른 실력을 가진 학생들이 최소 10~20명이 모이는데 어떻게 학생들이 수업에 다 참여할 수 있고 또 그 수업에 관한 학생들의 만족도가 높은 것도 이해하기 힘들다는 것이다. 내가 디베이트 수업을 하면서 제일 중요하게 여기는 것들 중 하나는 학생들을 믿어야 된다는 것이다. 과연 할 수 있을까? 자꾸 학생들을 바라보게 되면 또 교사가 수업에 개입할 수밖에 없다. 학생들을 믿고 수업시간을 주인에게 돌려줘야한다.

몇 년 전 거꾸로 수업에 관한 다큐를 본적이 있다. 수업을 준비하던 선생님들도 조차 수업의 성공 여부에 의문을 품으며 시작하셨는데 거꾸로 수업 후 반 학생들의 국어 평균이 다 오르면서 충분히 실현 가능한 수업임을 알게 되었다. 외부에서는 혹 시험 문제를 너무 쉽게 출제했기 때문에 학생들의 성적이 오른 것이 아닌가라는 의심을 받기도 했지만 결과는 절대 아니라는 것이다. 시험 문제는 거꾸로 교실을 시행하기 전 후 모두 비슷한 난이도였고 그 시험에 참여한 학생들도 동일했다는 것이다.

단지 바뀐 것이 있다면 학생 스스로 자기주도 학습을 통해 그날 수업의 진도에 맞춘 공부를 미리 해온 것과 수업시간이 교사의 강의가 아닌 본인들 스스로 공부한 지식으로 토론을 하며 해답을 찾아 나가는 과정으로 바뀌었을 뿐이다. 이 다큐에선 이렇게 수업을 하면 과연 교사는 이제부터 뭘 해야 하냐는 질문을 던지기도 했다. 교사는 학생들의 토론수업을 잘 이끌어가는 코치가 되면 된다. 즉 가르치는 게 아니라 잘 진행되고 있는지 알려만 주면 된다.

초등 고학년들이 토론수업을 한 달 정도 하고나면 교탁에 서서있는 자체는 어려워하지 않는다. 물론 한달 정도로 논리적인 말하기를 할 수는 없다. 그렇지만 타인들 앞에서 자기소개는 정도는 가능할 수 있게 되는 것이다. 이렇게 교탁에 나가는 것을 두려워하지 않게 되면 토론수업이 재미있어지기 시작한다.

총 45분의 토론 배틀 시간 중 20분만 수업이 진행되어도 학생들은 토론수업의 재미를 느끼게 된다.

특히 상대방과 묻고 답하는 교차질의 시간엔 상대가 어떤 질문을 할지, 어떤 근거로 대답할지 모르기 때문에 서로 긴장하면서 수업에 임하게 된다. 이런 과정이 반복되면서 수업준비의 필요성을 알게 되고 근거로 제시할 자료를 더 풍부하게 찾게 되는 자기주도 학습이 이루어지는 것이다.

'동물 실험을 금지해야한다' 는 논제로 토론수업을 진행 할 때다.

보통 한 모둠에 4명의 학생이 함께하게 되는데 학생들은 동물실험에 관련된 자료를 각자 조사해온다. 그리고 조사한 자료를 토대로 하여 각 모둠 별모둠 토의를 통해 입론서를 작성하고 토론 배틀을 준비한다.

동물 실험을 금지해야 되는 찬성 측 주장

– **첫째** : 최근 원숭이나 돼지의 장기 또는 세포를 환자에게 이식하는 이종장기 이식이 성공해 환자들에게 희망을 주고 있기 때문이다.

– **둘째** : 인간을 위해 동물을 이용하는 것은 당연하다

– **셋째** : 동물실험을 완벽히 대체할 현실적인 대안이 아직 없다.

동물 실험을 금지해야 된다 반대 측 주장

– **첫째** : 동물 임상 실험을 해서는 안 된다.

– **둘째** : 동물도 살 권리가 있다.

– **셋째** : 동물 임상 실험을 대체할 수 있는 기술이 있다.

이렇게 토론할 주제에 관한 찬성, 반대의 주장이 각 팀별 3개씩 나오면 교차질의, 반박을 위한 객관적인 근거를 찾아야한다. 각자 준비해온 자료를 바탕으로 상대팀에서 나올 수 있는 예상 질문을 찾아보거나 우리 팀 주장을 확실히 뒷받침할 근거도 같이 찾아야한다. 이런 과정에서 동물실험에 관한 문제점, 대안을 찾을 수가 있고 동물실험을 왜 하는지도 그 이유도 알 수 있게 된다. 학생들은 자신들이 직접 자료와 토론 배틀까지 진행하여 2시간수업을 다 마치고 나면 굉장히 뿌듯해한다. 본인들 스스로 힘으로 수업을 처음부터 끝까지 마무리했다는 자부심이 생기는 것이다. 각 팀마다 토론을 잘하는 학생도 있고 토론을 하기 엔 실력이 좀 부족한 학생도 분명히 있다. 그렇지만 함께 했으

므로 누구라고 할 것 없이 모두 다 만족한 수업이 된다.

토론은 팀워크 게임이다. 팀에서 한 사람만 잘한다고 팀 전체를 승리로 이끌 수 있는 것도 아니고 팀 내 비슷한 실력을 가진 학생들이라고 꼭 게임에서 지는 것도 아니라는 것이다. 결국 어떤 팀이 얼마나 객관적인 근거로 상대방을 잘 설득하고 순발력 있는 질문으로 상대방의 허점을 잘 파악 하느냐가 수업의 핵심이 된다. 그래서 한명도 토론시간에 잠을 자는 학생이 없고 또 토론의 기본은 경청이므로 상대 팀의 말을 무시하거나 흘려듣는 경우는 거의 없다. 왜냐하면 상대팀이 어떤 주장과 근거를 펼치는 줄 알아야 우리 팀도 그에 대비 할 수 있기 때문이다.

토론수업의 기본은 서로 존칭을 사용하는 것이다. 토론 배틀의 상대가 초등저학년이든 고학년이든 나이에 상관없이 존칭을 사용해야한다. 그러므로 말을 함부로 사용할 수 없고 서로 감정이 격해지는 것을 방지하는 효과를 볼 수도 있다. 이렇게 서로 배려, 존중하며 수업이 진행되다 보니 토론 후 수업의 만족도가 높은 것이다.

교과목 선생님들이 가끔 공개수업으로 진행하는 토론수업을 보고 나면 배신감마저 든다고 하신다. 수업 땐 매번 졸던 학생이 토론시간엔 한명도 낙오자 없이 모두 수업에 임하는 모습이 너무 생소하다는 것이다. 수업을 듣기만하는 것은 에너지 소모가 적다. 단 수업을 진행하는 교사는 그 만큼 에너지가 필요하다. 한반의 모든 학생들을 상대로 이해를 시켜야 하니 말이다. 그런데 자신들이 수업을 이끌어 나가야되면 말이 달라진다. 잠이 올 수가 없다. 특히 45분내 긴장감을 늦출 수 없는 토론수업은 더 그렇다. 상대팀의 말 한마디를 놓치면 질문을 할 수도 없고 우리 팀 에서도 반박도 하기 가 힘들어지니 말 한마디 한마디를 경청하고 집중하게 된다. 스스로 수업준비도 해야 되고 수업 내 긴장감을 놓지도 못한다. 한 주제로 토론수업을 마칠 때 마다 한번도 느껴보지 못한 희열을 느끼게 된다고 말하는 학생들이 많다. 새로운 지식을 알게 되었다는 기쁨도 있지만 우리 스스로가 해냈다는 자부심도 크게 작용하기 때문이다.

왜 디베이트
수업인가

디베이트란 말을 잘하고, 본인의 지식을 뽐내는 것이 아니라
상대방을 배려하며 소통할 수 있는 방법을 알려주는 것이다.
기초반 친구들이 디베이트의 기초를 배우는 3개월까지는 토론 스킬을
배우는 과정이 아니라 말하는 방법, 상대방에 대한 예의,
개인의 일방적인 주장보다는 또래 친구들의 생각을 이해하게 되고
서로 다름은 인정할 수 있는 것을 먼저 배우게 된다.

자기주도적 학습의 시작

자기주도학습이란?

학생 스스로가 학습의 적극참여 목표 설정 및 공부의 전 과정을 자발적 의사에 따라 선택하고 결정하여 행하게 되는 학습형태를 말한다.

최근 대학은 수시모집의 비중이 갈수록 높아지고 있다. 이젠 수능 성적만으로 학생을 선발하는 정시모집은 전체 약 25%까지 줄어들었다. 수업시간에 학생들의 적극적인 수업참여와 학교생활의 종합적인 평가로 신입생을 선발하려는 것이다. 리서치, 발표, 경청, 리더십을 종합적으로 나타낼 수 있는 토론능력을 갖춘 학생들에게 수시확대는 분명 유리한 부분이다. 토론은 말하는 능력만을 말하는 게 아니다. 흔히 토론을 잘한다고 하면 말을 잘한다고 생각하기 쉬운데 일상적인 대화에서 말을 잘하는 것과 토론을 잘하는 것은 엄연히 차이가 있다. 토론이라고 해서 항상 거창한 주제로 놓고 얘기하는 것은 아니다. 학생들의 경우 자신들과 밀접한 관계가 있는 학교문제나 진로, 이성 문제 등 학교생활과 학습 등과 같이 일상생활에서 나올 수 있는 주제가 더 설득력을 얻기 때문이다.

토론 수업을 처음 시작하는 학생들의 공통점은 토론준비를 하는 과정을 힘들어하고 무엇을 어떻게 준비해야 하는지도 모른다는 것이다. 평소 본인이 알고 있는 지식으로 말을 조리 있게 하면 토론을 잘할 수 있을 거라고 생각하지만 토론에서는 개인의 생각이 중요한 게 아니라 상대방과 소통이 되어야 하며 상대와 소통의 기본이 되는 부분은 경청, 배려, 논리적인 주장이 필요하다. 토론은 한 주제를 가지고 찬성, 반대로 나누어 배틀을 진행하며 상대가 어떤 주장으로 어떤 논리를 펼치게 될지 전혀 모른다. 그러므로 상대방의 주장, 근거에 대해서도 준비가 되어있어야 교차 질의가 가능해진다.

초등 2~3학년 수업의 모습이다

'초등학생들의 화장을 금지해야 한다' 를 주제로 한 토론 수업 모습이다.

찬성 1) 초등학생이 화장을 하면 피부에 손상이 많이 오기 때문입니다.

　　　 2) 개성을 표현하는 방법입니다.

반대 1) 화장이 꼭 초등학생에게 해로운 것은 아닙니다.

　　　 2) 청소년들의 새로운 문화입니다.

"개성을 표현하는 방법이라고 하셨는데 꼭 화장만 개성을 표현하는 방법인가요?"

"그건 아니지만 요즘 초등학생들은 대부분 화장을 본인만의 개성이라고 생각하는 경우가 많습니다"

"학생의 본분은 공부인데 화장을 하다 보면 아무래도 공부에 방해가 되지 않을까요?"

"공부에 방해가 될 정도로 화장을 하는 것은 아닙니다. 친구의 생일이나 본인의 생일 때 만 하는 겁니다"

가벼운 예시이긴 하나, 이렇듯 교차 질의는 상대방의 질문에 질문 혹은 대답을 통해 상대방의 논리에 맞서는 것을 말한다. 단순히 질의·응답과는 차이가 있다. 교차질의에서 상대의 논리에 맞서기 위해선 사전에 자료조사가 충분히 이루어져야 한다. 찬성, 반대에서 나올 수 있는 주장은 어떤 것이 있는지 또 상대방이 어떤 근거로 논리를 펼칠 것인지 생각해야하며, 이런 과정을 통해 비판적인 사고가 길러진다. 상대가 어떤 질문을 하게 될지 그럼 우리 팀을 어떻게 대비해야 하는지 스스로 묻고 답하는 과정을 거치면서 사고력이 확장되는 것이다. 시간이 걸리더라도 자신만의 공부법을 찾는 자기 주도 학습의 과정이라고 보면 된다.

　요즘 학생들은 문제와 답을 찾는 것에만 익숙해져 있다. 이런 학생들에게 스스로 문제를 찾아 해결하는 것은 어찌 보면 힘든 점일 수도 있다. 스스로 연구하고, 주장을 정리하면서 승리가 아닌 상대를 존중하는 마음을 먼저 갖는 것이 기본이다. 토론은 정답이 있는 것이 아니다 상대방의 의견도 다 맞는 말이다. 단지 나와 다름을 인정하는 과정이다.

　다음은 토론 수업을 통해 향상시킬 수 있는 다양한 능력들이다.

첫째 : 주제에 관련된 자료조사를 리서치 하는 능력이 향상된다.

둘째 : 다양한 정보와 다양한 어휘력을 습득할 수 있다.

셋째 : 상대방의 주장에서 반박하며 요약하는 힘을 키우게 된다.

넷째 : 상대에 대한 배려를 다 함으로써 인성 함양에 도움이 된다.

다섯째 : 자신의 주장과 근거를 정리하는 과정에서 글쓰기 능력 향상된다.

여섯째 : 역지사지의 원리를 경험할 수 있다.

일곱째 : 통합교과 학습능력을 가능하게 한다.

어떤 토론 주제든 한 분야의 문제만 다루는 것이 아니다. '동물 실험은 금지해야 한다' 라는 논제를 보더라도 사회, 윤리, 철학, 인권, 생명에 관련된, 다양한 부분을 다루게 된다. 이는 간접적인 교과목의 관련성으로 통합교과 학습능력을 가능하게 하는 것이다. 토론 수업을 하다 보면 성적이 향상되었다는 학생들을 많이 만나볼 수 있다. 어떤 점이 교과목 성적향상에 도움이 됐는지 알아보면 제일 먼저 자신감이 생기니 할 수 있다는 믿음도 같이 생겼다고 했다.

2~3년 간 토론 수업한 중학교 2학년 15명 학생들의 의견을 물어봤다.

Q : 너희는 토론 수업이 교과목 어떤 영향을 주었다고 생각해?

A : 일단 발표하는 것에 자신감이 생기니 수업에 적극적으로 참여하게 되고 그러다 보니 성적이 자연스레 오르게 되었어요.

Q : 학교수업에선 구체적으로 어떤 변화가 있었어?

A : 선생님에게 질문을 많이 하게 되요.

Q : 질문을 많이 하면 어떤 점이 도움이 되니?

A : 우선 선생님에게 좋은 인상을 주죠 질문이란 정말 아무것도 모르는 상태에선 할 수가 없잖아요.

Q : 주로 어떤 과목의 성적이 많이 향상되었니?

A : 국어와 영어요.

Q : 이유가 뭐야?

A : 시험 지문 읽기가 편해 졌어요 토론을 하기 전에는 지문을 2~3번 읽었다면 토론 후 요약하는 습관이 길러져서 짧은 시간에 지문을 읽을 수 있으니 문제 푸는 시간을 많이 늘어 났어요

영어는 시사 문제가 지문에 나오는 경우가 많아 토론 수업이 많이 도움이 됐어요

모든 학습의 기본이 되는 읽기, 쓰기, 말하기, 듣기를 향상시키는 토론은 독해능력과 비판적 사고력을 키울 수 있고 수시 비중에 늘어나고 있는 면접을 대비할 수 있다는 것이다. 토론은 상대가 어떤 주장과 근거로 질문할지 전혀 모르는 상태에서 수많은 질문과 대답이 오갈수 있는 교차 질의를 대비해야한다. 교차 질의에 익숙한 학생들은 당연히 면접에도 강한 면모를 보인다. 논리적으로 말하고 능동적으로 자기 의사를 표현하기 위해 스스로 준비하는 과정이 바로 자기 주도 학습이 아닌가?

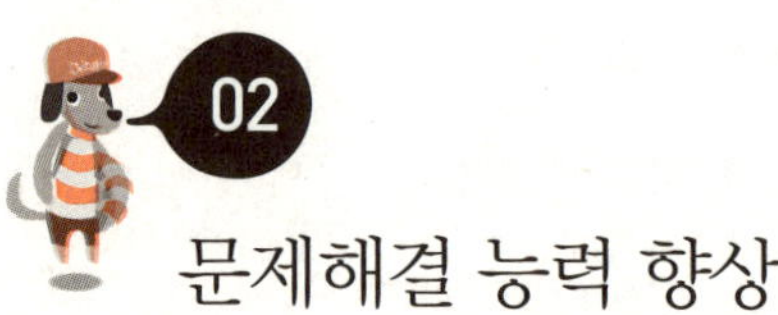

문제해결 능력 향상

21세기 인재는 창의적 사고력과 의사소통능력, 문제해결 능력을 요구된다. 이 때문에 암기 위주의 주입식 교육에서 벗어나 타인과 함께 토론, 토의를 통하여 문제를 해결하는 능력의 중요성이 커지고 있다. 대학입시에서 정시모집 비중이 줄고 교과 성적을 보지 않는 수시 비중이 늘어나고 있는 것도, 올해 들어 기업의 블라인드 채용면접이 늘어나고 있는 것도 같은 맥락으로 보면 된다. 단순히 필기성적이나 자격조건보다는 보다 구체적이고 상세한 질문과 소통에 대한능력을 알 수 있는 면접을 중요하게 생각하고 있는 것이다.

"요즘 초등학교 6학년들은 사드 문제를 어떻게 생각하니?"
"너희는 사드가 뭔 줄 아니?"

오늘날 대부분의 학생들은 신문을 보지 않거나 뉴스도 시청하지 않는 경우가 많다. 학교, 학원 공부로 시간이 없기도 하고 시험에 나오지 않는데 구지 할 필요가 없어서라고 한다. 이런 현실에서 비판적인 사고가 형성될지 의문이다. 여기서 비판적 사고란 합리적이고 논리적으로 분석·평가·분류하는 사고를 말한다. 학생들이 비판적 사고 능력의 저하요인은 학교 수업에서 찾아볼 수 있다. 학생들이 참신한 생각으로 수업시간에 질문을 하여도 선생님은 진도를 나가야 하는 부담감에 제재를 하게 된다. 암기만 잘하는 학생 그리고 성적만 잘 나오는 학생이 모범생이 되는 것이다. 이건 아이들은 상상력을 죽이게 되는 지름길이다. 중학교 1학년에게 진행되는 자유학기제만 보더라도 부모들은 당장 시험이 없어짐으로 인해 불안을 느끼게 된다. 그럼 문제 해결 능력은 어떻게 길러질까?

토론 수업을 처음 시작하는 학생들에게 수업에 참여하게 된 동기를 물어보면 평소에 질문이 익숙하지 않은 학생들은 단답식으로 대답 하는 게 습관이 되어있다. 혹 질문을 하고 싶어도 어떻게 무슨 질문해야 될지도 몰라서 못 하는 경우도 많다. 만남 첫 시간부터 질문을 많이 하는 이유는 서로 친숙해지려는 방법이기도 하지만 질문이란게 결코 어렵지 않고 질문으로 인해 수업이 얼마나 흥미로울 수 있는지 알려주고 싶어서이다. 질문도 기본적으로 지식이 없으면 시도 자체가 어렵기 때문이다.

지난 2010년 G20폐막식에서 오바마가 한국기자들에게 부여한 질문권이 앞선 사례의 대표적 예시이다. 오바마가 한국 기자들에게 거듭하여 질문기회를 줬지만 아무도 하지 않은 일화는 암기 위주인 주입식교육의 부정적인 결과라고 할 수 있다. 주입식교육현장에선 오로지 정형화된 정답을 찾기위해 교육하고, 수업한다. 허나 앞선 예시와 같이 갑작스런 문제상황의 해결에 관한 수업은 존재하지 않는다. 그래서 디베이트가 문제해결능력 향상에 탁월하다고 말하고 싶다.

'자살은 사회의 책임이다' 란 주제로 수업을 진행할 때다.

"왜 이런 주제가 만들어졌을까?"

"자살률이 너무 높아짐에 따라서 나오게 된 주제가 아닐까요?"

"그럼 왜 자살을 할까?"

"사는 게 힘들어서 그렇겠죠"

"그럼 자살은 개인의 문제일까, 사회의 문제일까?"

"글쎄요"

"자살을 개인적인 문제로 보는 이유와 근거를 말해보자"

"아무리 생각해도 모르겠어요"

"그럼 자살을 사회적인 문제로 보는 이유는 뭘까?"

"   ?   "

"선생님 저희는 아무리 생각해도 모르겠어요 답이 뭐예요 왜 사회적인 문제로 보는 거예요?"

이처럼 답 찾기에 익숙한 아이들은 생각하는 것 자체를 힘들어한다. 그래서 빨리 답을 알고 싶어 한다. 생각하는 것도 연습이 필요하다. 왜 그럴까? 이유가 뭘까? 그럼 어떤 해결책이 있을까? 혼자만의 생각으론 좋은 결론은 얻기가 어렵다. 그래서 타인의 의견을 존중함과 동시에 자신의 의견을 서로 공유하고 소통 토론해야 한다. 이런 일련의 과정을 통해 사고력은 향상되고 발전된다. 안타까운 점은 시험 위주의 교축은 학생들의 소통능력마저 저하시킨다. 암기하기 위해선 질문이 필요하지 않고 답만 외우면 되기 때문이다.

학생들이 질문을 시작하면 꼬리에 꼬리를 무는 새로운 질문을 해주는 것이 문제해결을 연습하는 가장 좋은 방법이다. 엉뚱한 질문이라도 좋다 시도하는 것 자체가 중요하다. 세상에 나쁜 질문은 없기 때문이다. 질문은 사고능력인 동시에 문제 해결능력이다. 그럼 가정에서 문제해결능력을 키우는 방법은 어떤 것이 있을까?

엄마와 저녁식사 전 대화에서도 얼마든지 질문 연습이 가능하다.

"엄마 오늘 반찬은 뭐예요."

"김치찌개."

"김치찌개는 어떤 영양성분이 있어요?"

"몰라요 넌 그냥 맛있게 먹으면 돼."

"김치찌개는 보통 새김치가 아니고 쉰 김치로 하잖아요 이유가 뭐예요?"

"그래야 맛이 있으니까 그렇지."

"그럼 김치찌개를 자주 먹으면 우리 몸에 어떤 점이 좋은 거예요?"

"몰라요."

조금은 귀찮을 수도 있지만 자녀의 질문에 단답식으로 대답하지 말고 다른 질문으로 대답하거나 왜 그런지 이유를 설명해주는 게 중요하다. 간단하지만 생활 속에서 언제나 활용할 수 있는 방법이다. 연속적인 대화가 이루어질 수 있도록 개방형 질문을 평소 대화에서도 연습하

는 것이 중요하다 이런 대화가 습관이 되면 자연히 질문하는 능력도
문제를 해결하는 능력도 향상 될 수 있다.

커뮤니케이션 능력 향상

"선생님 저보고 동문서답한다고 친구들이 놀려요"

"친구들이 왜 그런 말을 할까?"

"음... 제가 말귀를 잘 못 알아듣는데요."

"그렇구나 친구들의 말이 어렵니?"

"아니요."

"그냥 제 생각을 말할 뿐인데 친구들은 핵심을 못 알아 듣는다고."

"너도 그렇게 생각하니 친구와 말이 안 통한다고."

"뭐 조금요 제 생각과 친구들의 생각이 다르다고 느낄 때가 많아요."

"이거 바꿀 수 있어요?"

"그럼 바꿀 수 있지"

초등학교 4학년인 재석이 어머니는 상담시 재석이가 학교 생활에서 말이 없어 걱정이라고 하셨는데 말이 없다고? 보기는 힘들었다. 내가 볼 땐 종알종알 참새처럼 말을 잘하는 학생이었기 때문이다. 문제는 본인의 생각에 갇혀서 상대방 말을 전혀 듣지 않는다는 것이다.

수업하는 장면을 잠시 보자

"오늘 수업 할 주제는 왕따 문제해결을 위해 방관자를 처벌해야한다."

"여러분 방관자가 무슨 뜻인지 알아요?"

"네."

"직접 나서지 않고 옆에서 구경만 하는 사람요."

"맞아요."

"학교에서 방관자를 본적이 있어요?"

"네 학교에 많아요."

"그럼 재석이가 말해보자 우리주위에 어떤 방관자가 있을까?"

"방관자 여자예요 남자예요.?"

"여자일수도 있고 남자일 수도 있지."

"네 저 방관자 몰라요."

재석이의 경우는 수업보단 다른 생각이 더 많았기 때문에 방관자라는 단어 자체가 아예 처음부터 관심이 없었다. 본인 생각 외는 다른 말은 들리지도 않고 관심도 없는 것이 이 학생의 특징이다. 이런 상황이 계속되다보니 친구들과 멀어지게 되고 자연히 말귀를 못 알아듣는 3차원이라는 별명도 가지게 됐다. 어머니도 어느 정도 이 사실을 알고 계셨다. 그래도 학생 성격이 밝으니 크게 걱정은 안하시는 눈치였다. 걱정하셔야 되는데....

'왕따 문제해결을 위해 방관자를 처벌해야한다' 는 주제로 토론 수업을 진행해야 되는데 토의 시간부터 재석이가 헤매고 있었다. 단어 뜻부터 천천히 가야했다. 방관자에 대해 10가지 생각을 마인드맵을 그려 보기로 하며 학교폭력과 방관자에 대해 알아보는 시간을 가졌다.

1. 방관자란?

2. 왜 방관자가 생기나

3. 나도 방관자가 된 본적이 있나 언제?

4. 내가 생각하는 방관자는 나쁜 사람인가?

5. 친한 친구가 방관자면 나는 어떻게 할 것인가? 등......

재석이는 나와 1:1로 토의를 시작했다.

　"재석아 이번 시간은 다른 생각은 하지 말고 오로지 방관자에 관해서만 생각하자 알겠지."

　"방관자는 어떤 일이 벌어졌을 때 직접 나서지 않고 옆에서 구경만 하는 사람이라고 했지 그럼 학교에서 방관자라고 볼 수 있는 일은 어떤게 있어?"

　"폭력요 애들이 싸울 때 구경해요"

　"그래 맞다."

　"또."

　"청소를 매번 하는 친구만해요."

　"그렇구나 재석이는 청소 잘하니?"

　"네 전 항상 열심히 해요."

　"그리고 억울하게 누명을 쓴 친구가 있어도 아무도 도와주지 않을 때도 있어요."

　"그럼 우리 얘기에서 방관자가 몇 명이나 나온 거야?"

　"폭력 쓰는 친구, 청소 안 하는 친구, 친구의 누명을 도와주지 않는 친구 총 3명요."

　"오~ 재석이 대박!"

　"그럼 지금까지 얘기한 친구들을 마인드맵으로 그려보자."

　"네."

소통이란 말하려는 목적과 주제에 맞게 의사를 전달하는 것으로 상대방이 무슨 말을 하는지 핵심을 아는 것이다. 재석이는 자신의 생각이 많은 경우다 친구의 말보단 본인의 생각에 갇혀서 친구의 말이 관심이 없는 것이다. 이런 경우 자신이 말을 하고 상처를 받은 경험이 있거나 어차피 말을 해도 아무도 들어줄 사람이 없을 경우 혼자만의 생각이 많아질 수 있다.

초등학교 5학년 왕따 문제로 방관자처벌문제 수업을 보자

"왕따 문제로 방관자가 생기는 이유는 보복이 두렵기 때문입니다. 혹 친구를 도와주다가 자신이 왕따를 당할 수도 있기 때문입니다."
"그런 왕따가 없는 교실로 가면되지 않습니까."
"왕따는 어느 한 교실에서만 일어나는 일이 아닙니다."
"그러니까 왕따가 없는 교실에서만 있으면 되죠."
"알겠습니다."
"다음 주장 말씀드리겠습니다."

"법적으로도 방관자는 처벌하지 않습니다. 왕따를 시킨 가해자도 아닌데 옆에서 구경만 했다고 해서 처벌하는 것은 잘못된 판단입니다."
"피해자가 아닌 이상 그 장소에 있었다는 것만으로 충분히 처벌을

받을 수 있다고 생각 합니다."

"단지 그 장소에 같이 있었다는 것만으로 처벌해야 된다는 말씀이 신가요? 가해자가 아닌데 두요."

"그럼 피해자의 의견을 물어봐야겠네요 처벌해야 되는지 아닌지."

"지금 피해자에게 결정을 내려 달라는 것이 아니라 방관자를 어떻게 볼 것인지에 대해서 토론을 하고 있지 않습니까?"

"왕따는 당한 사람은 피해자이니 당사자에게 의견을 물어보는 것이 제일 좋은 방법입니다."

약간은 억지스럽게 느껴지지만 초등학교 5학년 토론에서 실제로 이루어진 교차질의 수업 내용이다.

소통의 부재는 남의 말을 듣지 않고 본인의 의견만 내세울 때 더 심해지는 것이다. 의사소통이 안 되는 학생들의 또 다른 특징은 상대방에 대한 배려가 부족하다는 것이다. 수업을 하다 보면 이렇게 소통이 안 되는 학생들을 가끔 만날 수 있는데 찬성, 반대 입장을 바꿔가면서 토론한 후 내 생각만 다 옳은 것이 아님을 깨달을 수가 있다. 소통의 첫 걸음은 상대방을 인정 하는 것에 있다.

인성교육

"선생님 우리 애는 자기말만 하고 상대방 말을 잘 듣질 않아요."

"그래서 친구들에게 불통이라는 별명이 붙여졌어요 그리고 좀 폭력적인것도 같아요."

"고칠 수 있을까요?"

"친구에 대한 배려가 안 되어 있어서 그런 것 같아요."

"정말 이것만 바뀌면 더 바라 것이 없어요."

"말도 조금 거칠게 하는 편이예요."

"어머니께서 조급하시면 안 되구요."

"알겠습니다."

초등학교 4학년 자녀를 둔 학부모가 상담을 오셨다.

‘고집불통’이라는 별명을 가진 아들의 버릇을 고쳐주기 위해 상담을 요청했다고 하셨다. 지금은 어려서 크게 문제가 되지 않을 수 도 있지만 시간이 지남에 따라 한 번 몸에 베인 습관은 고치기 어려워진다. 아마 이 학부모도 초등학교 때가 아니면 아들 습관을 고치기 어렵다고 생각했기 때문에 문의를 주신 것 같다.

인성이란 공동체 속에서 인간답게 살아가는 것으로 인성이 부족하면 자신을 정확하게 이해할 수 없으며 자신과 타인 모두를 존중하거나 수용할 수 도 없다. 또 일시적인 감정이나 충동을 조절하는 힘도 약하다. 자신뿐 아니라 친구들을 존중하고 이해하며 상대방을 배려하는 것도 부족하다. 인성교육을 할 때 자신이 하고 싶은 데로 마음먹은 데로 행동하는 것이 아니라 올바른 생활습관을 가지는 게 제일 중요하다.

또 인성이 바르지 못하면 폭력적으로 변하기 쉽다. 최근 들어 청소년들의 폭력문제가 심각한 이유도 바로 인성교육의 부족이라고 볼 수 있다. 제일 먼저 자신을 정확하게 이해하고 볼 수 있어야 하며 자신의 행동에 책임을 질줄 알아야한다. 또 자신을 존중하며 자신의 부족함도 인식하고 자신뿐 아니라 상대에 대한 배려와 존중하는 자세를 지녀야 한다.

디베이트가 인성교육이라는 이유는 같은 또래 친구들과 토론을 하면서 항상 남의 의견을 경청, 상대방을 배려하며 내 생각에는 오류가 없는지 또 내가 미처 생각하지 못한 부분은 없는지 점검할 수 있고 이런 과정에서 사고의 폭이 넓어지고 타인을 이해하고 존중하는 법을 배울 수 있기 때문이다.

21세기는 인성이 경쟁력이란 말이 있다. 그만큼 인성의 중요성이 커졌다는 증거다. 기업이 바라는 인재상에 인성이 중요하게 차지하고 있고 사람간의 관계에 서툴러서 사회성을 키우고 싶거나, 소통하는 방법을 배우고 싶은 사람에게 토론을 가르쳐주는 것 만큼 좋은 교육은 없다.

토론수업의 특성상 자연히 모듬 조별 활동이 대부분을 차지한다. 각 모듬 조별 팀워크가 매우 중요한 수업이다 보니 학생들 상호간의 교류, 배려, 소통이 기본적으로 원활히 이루어져야 한다. 그러므로 수업이 지루하거나 학생들의 흥미를 얻지 못하면 당연히 수업 호응도는 떨어질 수밖에 없다. 이때 토론 후 자신들이 준비한 수업에 대한 만족감을 가질 수 있는 강사의 피드백이 매우 중요하다.

'청소년의 이성교제 허용해야한다.' 주제의 토론 수업을 보자.

"청소년은 한참 호기심이 많을 때입니다. 그런데 이런 시기에 이성

교제까지 강제로 막는다면 다른 불상사가 생길 수도 있습니다.”

“다른 불상사라 하면 어떤 것을 말씀하시는 건가요?”

“글쎄요 폭력적이게 되거나 공부를 안 하게 되거나.”

여기까지는 그래도 좋았다.

“이성 친구 없다고 폭력적이게 변한다고 말이 되나?”

“아니 그런 경우도 있을 수 있다고.”

“거의 없거든.”

“그건 알 수 없는 거지.”

“네 친구들은 다 그런가보네.”

“니 친구들이 다 그렇지 뭐.”

디베이트 배틀 도중에 일상대화를 나누고 있는 것이 아닌가? 수업 초기에 흔히 볼 수 있는 모습이다.

토론은 예절을 중요시하기 때문에 절대 반말을 사용해서는 안 되고 인격적으로 모욕을 주는 발언을 해서도 안 된다. 가장 기본이 되는 주의 사항을 알려 줬음에도 불구하고 학생들은 익숙지 않는 형식이라 잘 잊어버린다. 친한 친구 끼리 존댓말을 사용하기가 왠지 불편하기도 하고 평소 말하는 습관을 금방 고치는 게 쉽지 않다.

　토론 수업은 잘하거나 본인의 지식을 뽐내는 것이 토론을 잘하는 게 아니라 상대방을 배려하며 소통할 수 있는 방법을 알려주는 것이다. 기초반 친구들이 디베이트의 기초를 배우는 3개월까지는 토론 기능을 배우는 과정으로 말하는 방법, 상대방에 대한 예의, 개인의 일방적인 주장보다는 또래 친구들의 생각을 이해하게 되고 서로 다름은 인정할 수 있는 것을 먼저 배우게 되는것이다.

　디베이트 수업 1년 후 학생들의 변화를 보면 토론 수업이 왜 인성교육인지 알게 된다.

　첫째 : 서로의 의견을 모으게 되는 과정에서 소통, 협동성이 생기게 된다.

　각자 입론서를 작싱 토의 하는 과정에서도 최적화된 주장, 근거를 하나로 모으는 작업을 하게 된다. 각자 작성해온 입론서중 가장 설득력 있는 주장, 근거를 뽑아서 하나의 입론서를 만드는 것이다.이 과정에서 친구들 간의 의견을 조율하는 과정에서 소통을 배우고 팀별 협동심이 생기게 된다.

　둘째 : 책임감이 생기게 된다.

　디베이트는 각 파트별 자신이 맡은 역할이 서로 다르다. 입안 · 반박·요약·마지막초점 각자의 위치에서 자신의 파트를 스스로 책임져야 하는 것이다. 물론 팀별 의견을 모으거나 같은 팀의 도움을 받을 수는 있지만 1차적으로 자신이 맡은 부분에 대한 책임감은 본인의 몫이기 때문이다.

셋째 : 개방적이고 외향적인 성격으로 바뀐다.

내성적인 학생이 갑자기 외향적으로 바뀌긴 쉽지 않지만 디베이트 수업이 진행될수록 타인의 감정을 이해하고 배려하게 되면서 친구들과 소통하는 방법을 알게 되고 다양한 친구들과 수업하면서 점차 적극적인 성격으로 바뀌게 되는 것이다.

토론 수업 6개월, 1년 후 내 아이의 모습이 많이 변해있다고 느끼는 건 우리아이가 말을 잘해서도 아니고 지식이 많이 쌓여서도 아니다. 상대를 배려하는 마음을 보면서 인성적으로 바뀌었음을 느낄 수 있게 되는 것이다. 말을 잘하기 위해선 우선 올바른 인성이 기본이 되어야 한다. 인성이란 그 사람의 마음가짐이나 성격을 말하는데 타고나는 것이 사실이지만 노력으로 얼마든지 고칠 수 있다. 기본적으로 남을 배려할 줄 알고 경청하며 존중하는 것이 훈련 되면 인성은 바뀔 수 있다. 나와 다른 의견 이라고 해서 배제하지 않고 인정하는 자세 상대방의 말을 귀 기울일 줄 아는 자세가 인성교육의 기본이기 때문이다.

자신 있는 언어로
표현할 수 있다

초등학교는 1년에 한번 공개수업을 한다. 물론 중학교나 고등학교도 공개수업을 하지만 보통 자녀가 중, 고등학생 때 보다 아무래도 초등학생일 때 부모의 관심을 더 높게 마련이다. 그 예로 중학 교,고등학교 공개수업보다 초등학교 공개수업의 학부모 참석률이 더 높은 것만 봐도 알 수 있다. 공개 수업 때 학교를 방문해보면 자녀의 학교생활을 어느 정도 파악할 수 있다. 담임 선생님과의 면담에서도 알 수 있고 자녀의 수업태도를 보더라도 봐도 대충 느낄 수가 있는 것이다. 평소에 가정에서 활발한 아이가 학교에선 너무 조용한 아이로 인식되고 있는 경우나 수업참여도가 너무 저조해서 담임 선생님이 학부모에게 도움을 요청하는 경우도 있다.

"전 우리애가 이렇게 심각한줄 몰랐어요"

"초등학생들 거의 다 그래요"

"집에선 말을 곧잘 하거든요 근데 학교가보니 전혀 아니더라고요"

"매 학년이 바뀔 때 마다 공개수업을 가보는데 한번 도 발표하거나 수업에 적극적으로 참여하는 모습을 본적이 없어요"

"수업시간에 발표를 안 한다고 걱정할 필요는 없어요"

"담임 선생님과 상담 후 더 걱정이 많아 졌어요"

"영어나 수학학원보다는 웅변학원을 추천해주셨어요 성격 바꾸는 게 제일 우선인 것 같다고 하시며"

"네......."

"우리애만 이렇진 않겠죠"

상담을 위해 찾아오시는 학부모의 80%이상이 같은 고민으로 오신다. 재능기부로 학교에서 토론수업을 진행 할 때는 학부모와 상담하는 일이 거의 없기 때문에 이런 고민을 가지신 분들이 많다고 생각하질 않았다. 막연히 지적인 수준을 높이거나 책을 많이 읽게 하고 싶은 목적으로 찾는 학부모보다 구체적인 고민으로 상담을 요청하시는 학부모가 훨씬 더 많은 것을 알게 되었다.

학생들이 디베이트 수업을 처음 하게 되면 낯을 너무 가려서 처음부터 상담은 어렵고 두 달 정도 친해진 후 학교생활에 관해서 본인들에게 직접 물어보면 다른 친구들처럼 수업에 적극적으로 참여하고 싶은데 혹시 자신의 의견이 틀렸을까봐 한번 도 의견을 제시해 본적이 없고, 또는 의견을 말할 용기가 없어망설이기만 했다는 대답을 들을 수 있었다.

중학교 1학년 2학기가 되면 본격적으로 자유학기제 수업이 시작된다. 많은 종류의 수업이 존재하고, 토론 수업은 이중 하나로 모듬조 수업으로 진행되며 학생들의 사고력과 창의력에 도움을 줄 수 있다는 취지다. 그런데 여기서 평소에 내성적이거나 소심한 아이는 자유학기제가 정말 두렵고 힘든 수업이 되고 만다. 모듬 조 별 토론으로 시작해서 토론으로 마치는 자유학기제 수업은 모듬 조의 팀워크가 무엇보다 중요한 수업이다. 그런데 자신의 모듬 조에 내성적인 학생이 있으면 본인도 부담되지만 각 조원도 불편해하기 때문이다. 그렇기 때문에 학부모들이 중학생이 되기 전 자녀의 성격을 꼭 고쳐야 된다는 생각으로 상담을 요청하시는 경우가 많은 것이다.

"수업 오면 모두 인사하자 일주일에 한번 만나잖아"
"네"
"안녕, 잘 지냈어?"

"그게 끝이야? 한주동안 뭐했나? 뭐 새로운 일이 생긴 건 없느냐? 여러 가지가 있잖어"

"할 말이 없어요"

"왜요 다들 같이 수업 하는 친구들인데 처음 보는 친구도 아니 구만"

"그냥 바로 수업진행하시면 안 돼요?"

"말을 잘하고 싶지만 말 하는 자체가 힘들어요 무슨 말을 해야 할지 몰라서요"

"그래 처음엔 다들 익숙하지 않아서 힘든거야 "

".........."

엎드려 절 받기도 이보단 쉬울 것이다. 그래서 매주 수업에서 만날 때 마다 친구들 간 서로 반갑게 인사를 하는 훈련을 한다. 처음엔 할 말이 없어 서로 쳐다보기만 하고 제 자리에 서 있기만 하던 학생들이 한 달 정도 지나면 서먹해하는 분위기를 이겨내고 곧잘 인사를 하곤 한다. 그 다음이 큰 목소리로 인사하기다. 성격이 외향적인 학생들의 특징은 목소리 작은 친구가 없다는 거다. 목소리의 크기는 자신감의 차이다. 혹 내 의견이 틀리면 어쩌나?, 괜한 말로 우리 팀 에게 피해가 되면 어쩌나? 혼자만의 생각으로 결국 시도도 못해 보고 마음을 접는 것이다. 그래서 목소리 크기를 키워서 나도 할 수 있다는 자신감을 키워주는 게 중요하다.

오늘의 수업 주제는 '초등학교에 CCTV를 설치해야 한다.' 입니다.

"CCTV는 어떤 용도로 쓰이는지 한 사람에 한 가지 이상의 의견을 내어주세요"
"정답이 아니면 어쩌나하는 생각은 버리구요 무조건 한 가지 이상 의견을 발표해야 돼요"
"선생님 친구와 의견이 중복되면 어떡해요?"
"괜찮아요 그럴 수 있어요"
"주제가 같은데 당연히 같은 의견이 있을 수 있지"
"대신 발표할 때 목소리를 조금 크게 하자"
"네"

목소리를 키우기 위한 방법으로 1:1 수업을 진행한다. 친구들끼리 1:1이 되어 각 조별로 서로 자신의 주장을 말하게 하는 수업이다. 시끄러운 분위기 속에서 자신의 의견을 말하다 보면 자연히 목소리가 커질 수밖에 없다. 한 달 정도 목소리 키우는 연습을 하고 나면 어느 정도 자신감을 갖게 된다.

〈찬성〉

"CCTV를 설치하면 학교 내의 사고를 어느 정도 막을 수 있다고 생각합니다"

"CCTV를 설치한다면 학생들이 나쁜 일을 하는 횟수가 현저히 줄어들 것입니다"

"학생들이 나쁜 일을 하는 횟수가 현저히 줄어들 것입니다"

"학부모님들은 교실 내에 설치된 CCTV를 통해 모습을 볼 수 있으니 매우 안심이 됩니다"

"학교의 약한 방범 문제를 해결해 줄 수 있습니다"

〈반대〉

"실에 만약 CCTV를 설치한다면, 개인 정보와 인권 침해가 될 수도 있습니다"

"CCTV를 설치한다면, 학생들의 인권 침해와 개인 정보 유출에 대한 거센 반발이 일어날 수도 있습니다"

"CCTV의 영상은 다른 사람이 위조하거나 삭제해 버릴 위험에 쉽게 노출되어 있습니다"

"CCTV를 설치한다고 해도 가장 중요한 사고를 근본적으로 막는다는 것은 불가능합니다."

"CCTV를 거액을 들여 전국 곳곳에 설치한다 해도, CCTV의 영상은 다른 사람이 위조하거나 삭제해 버릴 위험에 쉽게 노출되어 있습니다”

여기서 CCTV에 관한 궁금한점이 있으면 서로 질문해보자.

“CCTV를 설치하면 학교 내의 사고를 어느 정도 막을 수 있다고 하셨는데 실제 CCTV는 예방 차원이지 학교내 일어난 사고를 막을수는 없습니다 어떻게 생각하십니까”

“나쁜 일을 하는 횟수가 현저히 줄어들꺼라고 하셨는데 CCTV로 모든 학교와 교실을 다 볼 순 없습니다. 어떻게 생각하십니까?”

“학교의 방범 문제를 해결하는 것은 CCTV도 중요한 역할을 하기는 하지만, CCTV보다 범죄에 대한 학생들의 주의와 경계심이 더 중요한 역할을 할 수 있다고 봅니다. 어떻게 생각하십니까?”

꼭 친구에게 질문을 하지 못해도 상관없다. 할 수 있다는 가능성을 느끼게 해주면 수업의 목적은 성공한 것이다.

자신의 의견을 말하고 싶은 건 내성적인 친구들이 더 간절하다 그렇지만 자신에게 집중되는 주위의 시선이 부담스럽고 정답이 아닐 수 있다는 불안감으로 웬만하면 질문, 발표 자체를 포기하는 경우가 더 많다. 어떤 질문이라고 괜찮으니 팀원 모두가 발표, 질문을 꼭 해야 됨을 인식시키고 원탁토론처럼 자신의 자리에 앉아서 토론을 하게한다. 한 친구씩 발표 때 마다 같은 모듬 조 친구들이 서로에게 응원의 박수를 쳐 주는 꿀팁은 필수다. 시도 하는 게 어려워서 그렇지 한번 시도하고 나면 점차 자신감이 생겨 본인도 모르는 사이에 성격이 바꿔져 있을 것이다.

어떻게 진행 되는가

두 사람씩 짝을 지어서 한 사람에 한 가지씩 서로 질문을 하게한다.

상대 친구가 질문을 하면 나도 질문으로 대답을 하는 것이다.

서로 질문을 하다 보면 전체 토론주제에 전체에 관해서 이해하기가 쉬워진다.

짝끼리 서로 질문을 하다 각 상대방 친구의 마음에 드는 질문을 하나씩 선택해서

왜 이 질문을 선택하게 됐는지

어떤 점이 마음에 들었는지 설명하는 시간을 갖는다.

그림책으로 상상력 키우기

흔히 그림책이라고 하면 유치원 수업만 해당된다고 생각하기 쉽다. 그렇지만 그림책이 가지는 의미는 단순히 쉽게 읽혀질 수 있는 책에서 벗어나 연령과 상관없이 공감대 형성에 더 없이 좋은 수업교재이다. 독서를 싫어하는 학생들도 그림책 수업은 좋아한다. 그 이유는 책 전체의 내용이 그림으로 전해져 내용파악이 쉽기 때문이다.

'윌리엄 밀러지음, 존 워드그림의 사라 버스를 타다' 는 미국의 앨라배마 주 몽고메리에서 일어난 로사 팍스의 실제 이야기를 바탕으로?재구성된 그림책이다. 1955년 12월 미국 남부의 앨라배마 주 몽고메이레서 로사 팍스라는 흑인이 버스를 탄다. 로사 팍스는 백인에게 자리를 양보하지 않았다는 이유로 체포된다. 이것이 몽고메리 버스 승차 거부 운동의 시작이다. 1년 후 버스에서의 흑백 차별은 위법이라는 판결이 난다.

'사라 버스를 타다'로 초등 5학년과 수업을 진행하면서 먼저 그림책 표지부터 살펴보는 시간을 가졌다.

표지를 보고 의견을 나눠보면 학생들의 다양한 생각을 알 수 있다. '사라 버스를 타다'는 이 책의 주인공 로자파커스라는 실제 어린 시절 이야기로 한 여학생의 용기 덕분에 인종차별이 없어지게 된 계기가 책 내용이다. 그림책 수업은 책이 정해지면 학생들에게 미리 읽어오라고 숙제를 내기도 하지만 수업시간에 친구들과 다 같이 소리 내어 책을 읽는 것도 책을 이해하는데 도움이 된다. 눈으로만 읽는 묵독은 딴 생각이 많아져서 집중이 어렵다. 낭독을 하다보면 책에 집중하게 되고 책에 몰입할 수가 있기 때문이다.

이 때 목소리가 작거나 자신감이 없는 아이는 절대 먼저 읽으려고 하지 않는다 그땐 선생님이 먼저 책한 줄을 낭독하고 학생들의 순서를 정해주면 된다.

책을 읽다가 소리가 안 들리거나 단어를 틀리게 읽으면 다시한번 더 읽어 주는 걸로 약속하고 그림책 전체를 한명에 한 줄씩 낭독하기 시작했다. 눈으로만 읽는 게 습관이 된 학생들은 낭독의 어려움도 알게 되고 어려운 언어는 반복해서 읽는 기특함도 보여주었다. 그림책의 특성상 글보단 그림이 더 많아서 학생들이 편하게 생각하지만 막상 낭독을 하거나 수업을 진행하다 보면 그림에서 숨은 의미를 찾아야 될 부분이 더 많음을 알게 된다.

책 표지에 관한 의견 나눔과 한 사람의 한줄 낭독을 마치면 이 책 나오는 사건, 사고에 대한 키워드를 생각나는 데로 적어 보기로 한다. 키워드하나에 한 주장씩 말해보기로 한다.

〈홍길동〉

"저는 키워드로 흑인이 떠올랐어요 그 이유는 인종차별의 제일 중심에 피부색이 다른 흑인이 항상 등장하기 때문에 그렇게 생각 했어요"

〈재석〉

"제 키워드는 버스입니다. 이유는 버스는 대중교통으로 모두가 사용하는 교통수단인데 이런 대중적인 부분에서 차별이 당연시 됐다는 게 안타까웠어요"

〈공주〉

"제 키워드는 엄마로 했어요 이유는 주인공이 버스 앞좌석에 앉은 것 때문에 강제로 경찰서로 가게되고 그 과정에서 딸이 잘못한건 아니지만 엄마의 마음이 엄청 아팠을 것 같아요"

〈왕자〉

"제가 생각한 키워드는 평등입니다. 왜 피부색깔이 다르다고 해서 차별을 받았어야 됐는지 이해하기가 힘들었어요"

그림책 수업을 한다고 하면 학생들은 엄청 좋아한다. 왜냐하면 읽어야 될 글에 대한 부담감이 적기 때문이다. 그런데 텍스트에 익숙한 학생들은 그림을 보며 생각을 하거나 그림이 의미하는 부분까지는 생각하진 못한다. 그래서 그림책 수업시간에 글 보다는 그림이 상징하는 의미를 더 고민할 수 있는 시간을 갖는다.

왜 전체적으로 색채가 어두운지? 배경색이 밝지 못한 것이 흑인들의 마음을 대변 해주는 건 아닌지, 예사롭게 봤던 그림의 의미를 되새기다 보면 그림을 새롭게 해석할 수도 있기 때문이다. 그림에 관한 의미를 찾는 시간을 거치고 나면 각자 책을 읽고 생각난 키워드로 친구들 간의 의견 나누는 시간을 가진 후 키워드로 글쓰기를 해보는 시간을 가진다.

　흑인 : 피부색은 본인이 정해서 태어나는 게 아닙니다. 본인의 의지
에 상관없는 피부색 때문에 태어날 부터 차별을 받는 것은 옳지 못 합
니다 혹 피부색이 아니라도 다른 것 때문에 저도 친구를 차별한 적은
없는지 생각하는 계기가 되었습니다.

　버스 : 학교등교시 버스를 타고 다니지만 버스 내에서 차별은 한번
도 생각해본 적이 없습니다. 버스란 비용이 많이 드는 교통수단도 아
니고 대중교통인데 앉을 수 있는 자리가 정해져 있다면 전 버 스가 타
기 싫을 것 같아요.

　엄마 : 엄마는 늘 자식을 위해서 살아요 주인공의 행동이 아무리 옳
다고 하더라도 엄마의 입장에선 속상할 수밖에 없을 것 같습니다. 부
모님을 속상하게 하면서 자기주장을 내세우는 것이 옳은지 다시 한 번
더 생각하게 됐습니다.

　평등 : 누구에게나 차별 없이 대하는 것이 평등이라고 생각합니다.
그런데 흑인인 이유로 차별을 받는 것은 옳지 않다고 생각 합니다.

키워드로 글쓰기 후 만약에 내가 주인공이라면 어떻게 했는지에 서로 얘기해보는 시간을 가진다.

내가 주인공이라면 과연 버스 좌석에 대한 차별을 어떻게 대처했을까?

"전 별 의견 없이 버스를 타고 다녔을 것 같아요 아무도 말 안하는 부분을 구지 제가 나서서 말 할 용기가 전 없거든요"

"저도 아직은 어린 나이고 어른들도 아무도 나서지 않는 상태에서 학생인 제가 의견을 내긴 어려웠을 것 같아요"

"전 경찰서에 가는 순간 많이 울었을 것 같아요 무서웠어요"

"이 책이 실화가 아니었음 전 안 믿었을 것 같아요"

그림책이 짧지만 많은 의미와 생각을 하게하는 이유는 글로 나타나 있지 않는 부분을 학생들이 상상력으로 추리해 볼 수 있기 때문이다. 초등 저학년이 주로 하는 독서토론의 경우에는 교과서에 소개된 도서를 중심으로 책을 선정한다.

처음 독서토론을 참여하는 학생들의 참여를 유도하기 위해서 아이스브레이크와 인터뷰 게임 등 관계 형성 프로그램을 통해 긴장되는 분위기를 풀어줄 필요가 있다. 평소 독서를 멀리 했던 학생들을 위해 그림책으로 수업을 시작하면서 내가 주인공이라면 내가 작가라면 어떻게 했을 지 서로 질문 답변하는 시간을 갖게 한다. 또 책의 내용 중 한 부분을 들려주고 학생들의 개인적인 생각을 발표해볼 수 있는 시간을 가지면서 점차 토론 수업의 형식을 갖춰가는 것이 학생들의 부담을 줄일 수 있는 방법이다.

질문으로 내용 익히기

토론 전 토론하고자 하는 주제에 관해 이해를 쉽게 하기 위해 질문 만드는 수업을 진행한다.

짝지끼리 서로 질문하고 토론하는 방법이다.

'영리병원을 허용해야 한다' 는 주제를 가지고 디베이트 토론 전 각자 질문을 먼저 찾아보는 시간을 가졌다.

각자 토론주제에 관해 질문 10가지씩 만들어 보세요.

"꼭 10개 질문을 다 만들어야 되나요?"

"웬만하면 질문 10개를 만들어 보세요"

"답은 안 적어도 되죠"

"네 답은 안 적어도 되요"

"상대 친구가 질문하면 대답해줘야 하나요?"

"아뇨 질문을 질문으로 답하는 거예요"

질문 만드는 작업이 생각보다 어렵다. 왜? 질문을 많이 해야 창의력이 생긴다는 건 알고 있지만 막상 질문을 만들려고 하면 막막해진다. 이 부분은 특히 성인들이 더 심하다 학생들은 그 남아 8~10개를 만드는 반면 성인반은 5개도 힘들어하는 부분이 많다. 성인들이 질문을 만드는 것을 어려워하는 이유는 늘 문제에 대한 답만 찾았기 때문이다. 그럼 창의력이 일반 성인들보다 좋은 학생들의 질문을 보자

"선생님 영리병원이 뭔지 물어봐도 되요?"

"당연하지 모르는 건 다 물어봐"

"그럼 제가 질문하고 제가 답하는 거예요?"

"아니 답은 또 다른 질문으로 하는 거야"

"영리 병원은 어떤 병원인가요?"

"영리 병원과 비영리 병원의 차이점은 무엇인가요?"

"영리 병원을 국민들이 반대하는 이유는 무엇입니까?"

"영리 병원이 건강보험이 적용 안 되는 이유는 무엇입니까?"
"의료행위를 서비스 상품이라고 볼 수 있나요?"

이렇게 질문을 만들어놓고 답은 모르는데 걱정이 태산이다. 질문을 한번 만들어보니 잘 할 수 있겠는데 내가 낸 문제라도 답을 모르니 좀 답답하다는 의견이 많았다. 그래서 일단 짝 에게 질문을 한 후 다시 의견을 나눠 보기로 했다.

이번 시간에서 얻을 수 있는 것은 어떤 문제에 답을 찾는 게 아니라 질문을 하면서 전체적인 내용을 이해하는 능력이다. 또 서로 다른 관점으로 질문을 만들어서 토론하다보면 다양한 생각을 인정하게 되는 효과가 있다. 짝 토론을 잠시보자

"영리병원의 병원비가 비싼 이유는 무엇인가요?"

"의료 양극화 문제를 해결할 방법은 있나요?"

"건강보험제도가 붕괴되면 대책은 있나요?"

"영리병원의 장점은 어떤 것이 있나요?"

두 사람씩 짝을 지어서 한 사람에 한 가지씩 서로 질문을 하게한다. 상대 친구가 질문을 하면 나도 질문으로 대답을 하는 것이다. 서로 질문을 하다보면 전체 토론주제에 전체에 관해서 이해하기가 쉬워진다. 짝끼리 서로 질문을 하다 각 상대방 친구의 마음에 드는 질문을 하나씩 선택해서 왜 이 질문을 선택하게 됐는지 어떤 점이 마음에 들었는지 설명하는 시간을 갖는다.

이렇게 두 사람의 토론시간이 끝나면 교실 내 다른 짝을 찾아 또 서로 질문하는 시간을 갖는 것이다. 똑 같은 주제로 질문을 만들었음에도 불구하고 여러 관점에서 서로 다른 질문이 많이 나온 것을 보고 토론주제에 관해 이해하는 시간이 짧아지고 막연히 암기를 하는 게 아니라 질문을 통해 알게 된 지식은 본격적인 토론배틀시 굉장히 도움이 된다.

팀 별로 선정한 질문을 가지고 교탁 앞으로 나와서 발표하는 시간을 가졌다 먼저 발표할 팀이 나와서 자신들이 선정한 질문을 말하면 다른 팀이 그에 대한 질문을 시작하는 방식이다.

저희 팀은 '영리병원의 장점을 어떤 것이 있나요' 로 정했어요 왜냐하면 영리병원이 무조건 나쁜 것이 아니라 분명히 장점이 존재한다고 생각했고 또 영리병원의 단점인 국민들의 비용부담에 관한 부분은 비용만큼의 의료서비스 향상으로 충분히 보상 받을 수 있다고 생각 합니다.

"비용에 관한 부분은 일반 서민이 감당하기 힘들지 않을까요?"
"의료서비스 향상이라고 하셨는데 구체적인 예시를 알려 주세요"
"영리병원의 장점은 의료서비스향상 외는 없는 건가요?"
"국민들이 영리병원설립자체를 반대하는 이유가 뭔가요?"
"영리병원의 수익은 어떻게 쓰이나요?"

짝 토론 후 선정된 질문으로 1팀이 발표하면 다른 친구들이 추가 질문을 하는 식이다. 만약 발표한 팀이 답을 못할 경우 질문한 다른 친구들이 대신 답을 해줘도 된다. 또 친구들이 이해하기 쉽도록 설명도 같이 곁들어준다. 평소 선생님의 설명보다 친구의 설명이 더 이해하기 쉬울때도 있기 때문이다.

이렇게 토론주제를 파악하고 나면 배경지식의 축척이 쉬워진다. 일반적으로 암기하거나 읽기만 하는 것 보다 질문을 만들어 봄으로써 훨씬 이해가 잘되기 때문이다.

경청과 배려알기

학부모님이 상담하시는 내용 중에 많은 것 중 하나가 평소에 책도 많이 읽고 성격도 밝고 좋은데 가족 간의 대화 할 때도 그렇고 친구들과 대화하는 것을 봐도 말의 내용에 순서가 없고 남의 말을 전혀 듣질 않는다는 것이다. 이런 경우는 친구의 말보다 자신의 의견이 더 중요하다고 생각되거나 친구의 말을 들을 필요성을 전혀 못 느끼는 경우다. 또 자신이 하고자 하는 말이 길어지다 보니 상대의 말을 들을 여유가 없어지게 되는 것도 있다.

이런 부분이 습관이 되면 결국 상대방의 말을 점점 경청하지 않게 되고 친구와의 대화가 힘들어지는 경우가 생길 수밖에 없다. 토론수업에서 '경청'은 제일 중요한 부분이다. 평소 경청이 안 되어 있는 학생이 많기 때문에 주제가 바뀔 때 마다 경청의 중요성을 알려주며 수업을 진행한다. 여기서 경청이 안 될 경우 어떤 문제가 발생하는지 살펴보자

"오늘은 '애완동물 안락사를 금지해야 한다' 주제로 토론할 겁니다"

〈영수〉

"선생님 안락사란 무슨 뜻이예요?"

〈선생님〉

"병자를 고통에서 해방시켜서 안락하게 죽게 하는 것을 말해"

〈영희〉

"그럼 안락사가 되는 기준은 뭔가요?"

〈선생님〉

"전염성과 치사율이 높은 질환에 걸렸거나 건강 회복이 불가능한 동물들이지"

〈철수〉

"그럼 주인을 잃어버린 애완견도 일정 시간이 지나도 주인이 나타나지 않으면 안락사 되는 거예요?"

〈선생님〉

"그렇지 한정된 돈으로 먹이와 동물을 돌보는 비용으로는 턱없이 부족한게 현실이거든"

〈영수〉

"어차피 주인들에게 버림을? 받은 유기견은 병으로 죽는데 차라리 고통 없이 안락사를 시키는 것이 났다고 생각 합니다"

〈선생님〉

"그렇지만 안락사는 동물들을 죽이는 살인 행위로 볼 수도 있지 않을까?"

〈영수〉

"아니죠 어차피 입양도 안 되고 병들어 죽을 것 같으면 차라리 애완 동물에게는 편하게 죽을 권리를 주는 게 더 좋지 않을까요?"

수업시간에 장난치거나 친구와 잡담을 나누는 것도 아닌데 같은 질문을 수업시간 내 계속하는 친구들이 있다. 특히 초등학교 고학년 남학생의 경우에 이런 경우가 더 많다. 토론할 주제에 본인이 맡은 파트에만 집중하고 있기 때문에 상대방의 말에 전혀 신경 쓰지 않고 건성으로 듣는 것이다. 토론의 가장 기본이 '경청'인데 이 부분이 습관이 안 되어 있다 보니 본인 생각만 집중하다 중요한 부분을 놓쳐버리는 것이다. 같은 질문을 2~3번 이상 하면 벌칙이라고 알려주며 한번 들을 때 집중해서 잘 듣자고 얘길 해도 선생님에게 질문을 안 하면 옆 친구들에게 또 같은 질문을 하기 도 한다.

이런 버릇은 일상생활에서도 되풀이 된다고 보면 된다. 항상 상대의 말은 듣는 척 만 할뿐 실제론 듣지 않는 것이다. 그래서 시간이 지나면 친구들과 말이 안통하고 주변 친구 수가 줄어들기도 한다. '경청'은 토론 수업뿐 아니라 평상시 생활에서도 매우 중요한 역할을 한다. 일단 '경청'을 한다는 것은 그만큼 상대방에 대한 배려하는 마음이 바탕이 되어야 하기 때문이다. 몰라서 2~3번 질문하는 것은 실례가 아니다. 한번에 다 이해하는 것은 어렵고 누구나 다 알 수는 없으니 말이다. 그렇지만 매번 같은 질문을 반복해서 하거나 처음부터 다시 말을 해달라는 부탁을 자주 한다면 그건 문제가 있는 것이다.

"선생님 영수는 제가 말을 할 때 마다 딴 짓을 해요"

〈영수〉

"아니야 그래도 다 듣고 있어"

〈철수〉

"말 할 때마다 기분이 나빠요 무시당하는 것 같고 안 할래요 난 성심껏 잘 듣고 질문도 했는데 기분 나빠요"

자기입장만 고수하다 보면 상대방의 말이나 행동을 전혀 이해할 수 없고 이런 경우 대화의 단절이 오는 것이다. 배려란 자신의 입장에서만 생각할 때 절대 나올 수가 없는 것이다.

'경청'을 할 때도 중요한 것은 듣는 사람의 자세다. 내가 말을 할 때 상대방의 행동이 바르지 못하면 난 어떨까 생각해보면 답이 나온다. 상대방이 말을 끝까지 마칠 때 까지 기다려주거나 상대방의 눈이나 얼굴을 바라보며 상대의 말에 집중 해야 한다. 이런 행동은 상대에 대한 최소한의 예의 이기도 하지만 이런 모습을 보일 때 상대는 신뢰감을 보이며 호감을 가지게 된다 .

〈선생님〉

"영수야 니가 말할 때 모두 경청하면서 집중했지 그런데 너의 행동은 충분히 오해를 줄 수 있다고 생각해 물론 넌 다 듣고 있겠지만 상대방은 네가 말하는 상대를 무시하거나 상대방에게 관심이 없어 보이는 행동을 보면서 더 이상 대화하고 싶은 마음이 안 생길 것 같아 그러니 상대방이 말을 하는 순간엔 최소한의 예의를 지키면서 집중해서 듣도록 하자"

〈영수〉

"네"

배려는 어려운 것이 아니다 자신의 입장만 생각할 것이 아니라 상대방도 이해할 줄 알면 갈등은 해소할 수 있다. 상대방 말을 경청하는 것은 다른 사람을 배려하는 가장 좋은 방법이다. 배려의 기본은 경청이기 때문이다.

입론서로 글쓰기

학생들이 쓸 수 있는 글쓰기 종류는 시, 제일 쓰기 싫어하는 일기, 책을 본 후 쓰는 독후감 정도로 나눌 수 있다. 보통 한 번씩은 다 써존 종류들인데 주장하는 글을 쓰는 경험을 한번도 못한 학생들이 더 많다. 평소에 학교에서 토론 동아리로 활동하는 학생들이라도 주장하는 글쓰기는 힘들어한다.

주장하는 글쓰기의 특징은 다른 사람을 설득하기 위해 자신의 생각을 조리 있고 논리적으로 쓴다는 것이다.

평소 막연히 글쓰기에 대한 공포가 많은 학생들은 개요 잡는 방법부터 알려주고 간단한 글쓰기를 하게한다.

"엄마의 잔소리는 꼭 필요하다 "에 대한 자신의 의견을 간단히 적
어 보게했다"

〈영희〉

"엄마의 잔소리는 필요합니다. 왜냐하면 엄마이기 때문에 잔소리를
할 수 있는 겁니다. 남이면 잔소리 할 일도 없기 때문입니다"

〈철수〉

"초등학교 4학년이면 마냥 어린이도 아닌데 꼭 필요한 부분이 아니
라면 엄마의 잔소리는 오히려 엄마와 자녀와의 사이를 멀어지게 할 뿐
입니다. 습관처럼 하는 잔소리는 필요하지 않습니다"

〈재석〉

"자녀가 잘못했을 경우 엄마의 잔소리는 필요하다고 생각합니다.
어떤 부모도 무조건 잔소리를 하지는 않는다고 생각하기 때문입니다.
단 엄마의 잔소리에 대한 부분이 고쳐졌을 경우에도 잔소리가 계속된
다면 그건 문제가 좀 있는 것 같습니다"

〈명수〉

"전 어떤 것이든 엄마의 잔소리는 싫습니다. 매번 같은 소리를 듣는

주장하는 글은 막연히 나의 감정을 적은 것이 아니라 논리적이고 현실성이 있어야 하며 객관적인 예시로 본인의 주장을 설명할 수 있어야 한다. 영희나 명수의 경우 객관적인 근거나 설명 없이 자신의 감정을 들어내는 글을 작성한 경우다. 상대방을 설득해야 함에 있어 객관적인 근거의 중요성을 알려주며 다시 주장에 관한 증명할 수 있는 예시를 찾아서 작성해야 한다. 이처럼 주장하는 글은 서론, 본론, 결론 그 짜임이 명확해야한다.

서론 : 글을 쓰게 된 논의배경과 용어정리 글쓴이의 주장을 밝힌다.

본론 : 주장에 대한 객관적인 근거를 제시한다.

결론 : 전체 쓴 글의 내용을 요약하고 주장을 다시 한번 강조한다.

논제 : 엄마의 잔소리는 필요하다.

용어정리 : (잔소리) 쓸데없는 말을 늘려놓음.

입론서(찬성)

주장1) 엄마의 잔소리는 나쁜 버릇을 고치게 해 준다.

근거 : 엄마의 잔소리는 우리가 바르게 자랄 수 있게 해 준다 생활에

불 필요한 부분을 고쳐 주시려고 애쓰는 과정에서 잔소리를 하시기 때문에 자녀에게 도움이 된다. 그리고 엄마의 잔소리는 언젠가 자 신의 인생에 도움을 줄 수 있기 때문이다

주장2) 엄마의 잔소리는 사랑이다.

근거 : 기본적으로 사랑이 없는 관계이면 관심도 없다. 그러므로 잔소리를 많이 한다는 것은 그 만큼 관심이 많다는 근거고 또 자녀에 대한 부모의 관심은 바로 사랑으로 비롯된 것이므로 엄마의 잔소리는 사랑한다는 증거다.

저희 팀은

1. 엄마의 잔소리는 나쁜 버릇을 고치게 해 준다.

2. 엄마의 잔소리는 사랑이다.

총 2가지 주장으로 엄마의 잔소리는 필요하다고 생각 합니다.

입론서(반대)

주장1) 엄마의 잔소리는 스트레스를 유발 시킨다.

근거 : 엄마의 잔소리를 자주 들으면 기분이 나빠진다. 잘못된 부분을 위한 잔소리라도 너무 자주 듣게 되면 오히려 반발심이 생기게 된

다.

주장2) 잔소리를 통해 스트레스를 받으면 오히려 성장에 방해가 될
수 가 있다.

근거 : 잔소리를 하는 근본적인 이유는 본인의 마음에 들지 않아서
이다. 이는 자녀와 상관없이 엄마의 기준에 맞지 않을 경우 자녀에게
잔소리를 하게 된다. 이런 잔소리가 계속되면 스트레스로 인해 성장의
방해가 될 수 도 있다.

저희 팀은

1. 엄마의 잔소리는 스트레스를 유발 시킨다.

2. 잔소리를 통해 스트레스를 받으면 오히려 성장에 방해가 될 수
가 있다.

총 2가지 주장으로 엄마의 잔소리는 필요하지 않다고 생각 합니다.

입론서를 작성하기 전 먼저 토론주제에 관한 근거를 리서치 하는
것이 우선이다. 엄마의 잔소리로 인해 장점은 무엇인지, 단점은 무엇
인지? 엄마가 잔소리를 하는 이유는 무엇인지 등..

이처럼 입론서로 글쓰기는 다양한 관점의 논거를 리서치 후 나의
입장을 뒷받침해줄 주장, 객관적인 근거로 논리적으로 펼칠 수 있어야

한다. 기본적인 입론서를 작성할 수 있게 되면 반박, 교차질의 연습도
자연히 가능할 수 있게 된다.

토론 배틀로 실력다지기

〈명수〉

"선생님 너무 떨려요 교탁 앞에 서 있는 자체가 힘들어요"

〈재석〉

"제가 무슨 말을 하고 있는지 저도 모르겠어요"

〈영희〉

"상대방 말이 하나도 들리지 않아요"

〈철수〉

"제가 쓴 입론서를 제가 이해할 수가 없어요"

<영철>

처음 토론을 시작하면 똑같이 하는 말이다. 평범한 학생들은 학교 생활에서 교탁 앞에서 발표를 하거나 친구들을 대표해서 말하는 기회는 거의 없다고 보면 된다. 수업시간이나 발표할 기회가 생기면 말이 더듬어지거나 몸이 떨려서 제대로 말을 못하는 학생들이 많은 이유는 그 만큼 경험이 부족하거나 스스로 '자신감이 없기 때문이다. 스스로 안 된다는 생각에서 아예 포기하면 발표 공포증을 절대 이길 수 없다.

타고난 성격을 완전히 다 바꿀 수는 없겠지만 80%이상 훈련으로 성격 변화는 가능하다. 7년 동안 디베이트 수업을 하면서 내성적이었던 학생들의 변화를 지켜보며 자신 있게 말 할 수 있다.

토론수업을 진행하다보면 초보들이 한결같이 하는 질문이 있다.

"선생님 상대방의 말이 들리지가 않아요"
"너무 떨려서 그래 처음엔 다 그래"
"제가 발표를 하고도 내용이 기억이 잘 안나요"
"긴장해서 그래 우리 측 주장도 상대측 주장도 다 안 들리는 거야"
"토론수업을 어느 정도해야 긴장감을 없앨 수 있어요?"

누구나 처음은 다 있다. 수업시간에 주목 받지 못한 학생들이 오로지 토론 시간에 자신이 발표하는 시간에 집중되는 시선을 보며 부담스럽고 힘들게 느껴지기도 하고 한번 도 경험하지 못한 스트레스도 느끼게 될 것이다.

토론수업을 적응하는 기간만 지나면 새로운 주제로 토론할 때마다 비판적 사고로 다른 관점에서도 바라볼 수 있는 능력을 키우게 된다. 그 경험으로 타인의 주장이 틀린 것이 아닌 나와 다른 것임도 알게 되고 타인을 이해하는 능력도 배우게 된다.

토론주제 : 로봇산업의 발전은 인간을 행복하게 한다.

로봇 : 사람과 유사한 모습과 기능을 가진 기계

찬성

주장1) 초고령 사회로 진입함에 있어 지능형 로봇은 노인들에게 큰 도움을 줄 수 있다.

주장2) 인간이 하기 힘든 일을 할 수도 있다

반대팀(반론)

찬성팀에서 노인들에게 큰 도움을 줄 수 있다고 하셨는데 저희 팀에서 주장했듯이 로봇 값이 아직은 부담스러운 면이 많습니다. 그러므로 노인들에게 상대적 발탈 감을 줄 수 도 있습니다 그리고 지능형 로봇도 기계이므로 고장이 났을 경우 수리비 역시 부담스러울 수밖에 없습니다.

찬성팀(재반론)

물론 아직은 로봇비용이 만만치가 않습니다. 그렇지만 현재 성인용 로봇 가격은 5천~1만5천 달러(575만~1천725만원)이며 양산화 되면 가격은 더 내려갈 전망입니다.

반대

주장1) 인간의 일자리가 줄어들 수 있다

주장2) 로봇은 가격 면에서 부담이 크기 때문에 실생활에 적응하기 힘듭니다.

찬성팀(반론)

로봇 가격 면은 재반론에서 대답 해 드렸구요 저희는 인간의 일자리가 줄어들 수 있다는 면은 어느 정도 인정합니다. 그렇지만 로봇이 할 수 있는 단순노동이 아닌 창의력 부분에서 집중하다 보면 일자리를 빼기는 것이 아닌 또 다른 일자리를 창출할 수 있을 것이고 생각합니다.

반대팀(재반론)

현존 직업이 800개이며 업무를 나누면 2천 개가 된다고 보고 현재 구현된 기술만으로도 전체 노동의 49%를 로봇으로 대체할 수 있다고 분석했습니다. 이를 숫사로 환산하면 전 세계에서 11억 명의 노동자가 하는 총 15조 8천억 달러치의 일을 로봇이 대신할 수 있는 셈입니다. 찬성 팀 에서 창의력 부분에 집중한다고 하셨는데 그 가능성이 얼마나 되는지 알고 싶습니다.

학생들이 이번 토론을 하면서 정말 로봇이 상용화가 되면 편리 한 점도 있겠지만 인간이 감수해야 할 부분이 분명이 있어 보이고 그렇다고 로봇 발전을 중지할 수 도 없고 좀 무섭다는 생각을 하게 됐다고 한다. 인간과 로봇이 같이 공생할 수 있는 방법을 빨리 찾고 되도록이면 일자리부분도 해결책을 찾아 자신들에게까지 영향을 주진 않았으면 좋겠다고 한다. 배틀 후기 치고는 너무 귀엽기까지 하다.

이번 토론주제는 로봇산업이 앞으로 어느 정도 발전할 것인지? 이런 발전으로 인해서 인간에게 얼마나 영향을 줄 수 있느냐를 알 수 있는지를 알 수 있다. 학생들이 막연히 로봇이 발전하면 편리하지 않겠냐는 기본적인 생각에서 좀 더 개념을 확장해 앞으로 로봇과 어떻게 공생할 것인지를 심각하게 고민해 볼 수 있는 시간이 됐다.

토론 배틀을 많이 하면 막연히 말만 잘 하게 된다고 생각하는데 학생들의 소감처럼 사회 문제를 좀 더 깊이 생각할 수 있게 되고 순발력이 좋아지며 어휘력도 향상되는 게 중요한 게 아니라 어떤 문제 대해 고민해 볼 수 있고 다 같이 대안을 찾아볼 수 있는 것이 토론 배틀을 통해 얻을 수 있는 또 하나의 장점이라고 생각한다.

Chapter 04

디베이트 수업후 변화

디베이트 수업은 막연히 말을 잘 하게 되는 것이 아니라
디베이트로 인한 폭넓고 다양한 지식으로 스피치 실력이 향상되고 이로 인해
자신에 대한 믿음이 생기게 된다.
이런 믿음으로 얻은 자신감은 학교생활에 바로 영향을 미치며 다양한 친구를
형성해 폭 넓은 교우관계가 만들 수 있다.

01

다름을 인정하게 됐어요

디베이트 수업을 하다보면 내성적인 성향을 가진 학생과 너무 자기주장이 뚜렷한 학생 두 분류로 나뉜다. 내성적인 성향의 학생들은 평소 낯가림이 심해서 고민이 많은 학생인 경우 목소리도 작은게 대부분 차지하는 게 특징이다. 이에 반해 자지주장이 뚜렷한 학생들은 책을 많이 읽거나 다양한 지식을 갖고 있지만 타인의 말을 듣지 않는 자신을 말만하는 친구들, 한번 말을 시작하면 앞, 뒤 두서없이 말하는 친구들도 여기에 포함된다.

"심청이는 효녀이다" 토론하기 전 심청전에 관한 여러분의 다양한 생각을 들어 볼게요.

〈영석〉

"심청이는 이기적인 것 같아요 눈먼 아버지를 두고 갔잖아요"

〈재석〉

"저도 영석이와 생각이 같아요 자신도 아버지와 같이 살 날이 두려웠겠죠 뚜렷하게 직업도 없는데"

〈영희〉

"제 생각은 달라요 심청이의 효심은 아무나 할 수 있는 게 아니에요"

〈순이〉

"심청이의 죽음은 아버지를 위한 것이었어요 죽음을 선택하는 건 쉬운 것이 아니에요"

〈명수〉

"심청이가 없는 아버지를 생각하면서 고민이 많았을 것 같아요"

〈미정〉

"아버지를 핑계로 자신의 현실을 비관해서 판단 했을 수도 있다고 생각해요"

자 모두 친구들의 생각을 들어보니 어때요?

나와 생각이 다르다고 해서 무조건 틀린 것이 아니고 단지 생각이 다른 것임을 인정 해야 합니다.

심청이의 장점 3가지

1. 아버지 눈을 뜨게 하려고 자신의 목숨까지 희생하려는 깊은 마음이 있다.

2. 심청이는 자신의 고민을 해결하려고 노력했다.

3. 심청이는 언제나 아버지가 먼저였다.

심청이의 단점 3가지

1. 아버지를 위한 효를 한다고 하고 자신의 목숨을 버린 것이 더 큰 불효라는 것을 알지 못했다.

2. 아버지가 설령 눈을 뜨지 못한다고 해도 다른 방법으로 더욱 열심히 살다보면 훌륭한 의원을 만나 눈을 고칠 수도 있다.

3. 과연 거짓말로 아버지 곁을 떠나는 것이 진정 옳은 것인지 생각했어야한다.

심청정을 읽으며 막연히 효녀라는 생각에서 벗어나 내가 만약 심청이라면 어떻게 했을까를 생각해보는 시간을 가졌다. 단 한 사람당 발언시간을 3분 이상을 넘기지 말 것을 알려주며 다른 친구들이 발언할 땐 반드시 경청 도중에 말을 끊거나 끼워들기는 절대 안 된다는 점을 알려주었다. 여기서 시간제한을 주는 이유는 모든 학생들의 공평한 발언시간을 주기 위해서이다.

"자 모두 내가 심청이라면 어떤 선택을 했을지 말해봅시다 각자 시간 엄수하시구요"

“선생님 근데요 심청이가 죽은 사실을 알면 아버지가 너무 힘들어 한다는 것을 알 텐데 꼭 죽음을 선택해야 했었까요?”

“그렇지 다른 친구들도 그렇게 생각하는지 한번 들어보자”

〈미정〉
“제가 심청이라면 전 다른 일을 하더라도 아버지와 같이 살거예요 죽는 것도 무섭지만 꼭 죽음이 답은 아니라고 생각해요”

〈영희〉
“저도 제가 죽은 뒤 아버지가 눈을 뜬다는 보장이 없으므로 죽음을 선택하지는 않을 것 같아요”

〈영석〉
“전 현실이 너무 막막하고 인당수에 빠져서 아버지가 눈을 뜰 수 있다면 극단적인 선택을 할 수도 있겠다 싶어요”

〈재석〉
“제가 심청이라면 일단 최대한 다양한 방법을 동원해서 아버지와 저의 상태를 알리고 도움을 청했을 것 같아요 목숨을 잃는 것이 답은 아니라고 생각해요”

〈순이〉

“죽음을 선택하는 건 많은 용기가 필요하다고 생각해요 일단 전 그런 용기는 없구요 아버지와 살아갈 수 있는 다른 방법을 찾아볼 것 같아요”

〈명수〉

“제가 심청이라면 아버지와 같이 죽음을 택할 것 같아요 아무도 도와주는 사람도 없고 돈도 없고 심청이도 살아갈 길이 막막해서 죽음을 선택했듯이 저 또한 친척도 없고 아무도 우리를 도와줄 사람이 없다면 극단적인 선택을 할 수도 있을 것 같아요”

“영석이가 극단적인 선택을 할 수도 있다고 했는데 죽음을 선택하기엔 너무 어리지 않나요?”

“현실적으로 사는 게 너무 어렵고 아무도 도움을 청할 사람이 없다면 그럴 수도 있다고 생각해요”

“그건 현실도피 아닌가요?”

“아닙니다. 현실에서 살아보려고 애를 써보다 다른 사람들에게 피해를 끼치기 싫어서 한 선택이지 결코 현실도피는 아닙니다”

"그럼 죽음외에 살 수 있는 방법은 어떤 것이 있습니까?"

"뭐 지금으로 보면 동사무소에 도움을 청할 수도 있고 정부에도 도움을 청할 수도 있고"

"지금 현실로 보더라도 생활하기엔 어려운건 마찬가지일 것 같아요 심청전을 보면 심청이가 나이가 많지는 않은 것 같은데 어린 학생이 현실적으로 할 수 있는 게 뭐가 있을까요?"

"죽음을 택하는 게 옳은 것이라는 게 아니라 어쩔 수 없는 선택이라고 말하고 싶습니다"

평소 초등 고학년 학생들의 대화라면 자신과 의견이 다르면 목소리 크기부터 달라졌을 것이다. 흔히 목소리가 큰 사람이 이겼을 것이다. 다름을 인정하기보단 친구들의 의견이 틀리다고 생각하기 때문이다. 절대 안 되는 것은 없다. 디베이트 수업을 해보면 평소에 난 절대 저 친구의 생각에 동의할 수 없다고 생각했던 부분도 내가 상대방 입장이 되어 보면 그럴 수 도 있겠다 싶은 마음으로 바뀌기 때문이다. 살아온 환경이 다르고 각자 성향이 다른데 같은 또래라고 해서 모두 생각이 같지는 않다. 서로 다름을 인정해주고 이해해주는 습관을 길러야한다. 다양한 생각은 늘 존재하기 때문이다.

친구를 배려할 줄 알아요

넘어진 친구 부축해 다섯 명 모두 1등… '뭉클'

부산 기장군 달산 초 체육대회 '개인 달리기' 종목에서 5명의 친구가 결승점을 앞에 두고 한 친구가 넘어지는 일이 일어났다. 그러자 앞서 가던 4명의 친구들이 되돌아서 넘어진 친구를 부축해서 같이 결승점을 통과 5명 모두가 1등으로 인정되는 흐뭇한 뉴스를 접하게 되었다. 한편으론 흐뭇하면서 다른 한편으론 어린 학생들에게 부끄럽기 까지 했다. 과연 성인들도 이런 상황에서 학생들처럼 똑 같이 행동할 수 있었을까? 배려란 무엇인지 보여주는 사례였다. 5명 모두 결성 점을 통과할 때 운동장에 있던 학부모와 학생 모두가 박수를 치며 5명의 1등을 축하해 줬다고 한다. 이처럼 배려는 진정으로 상대방을 생각하는 마음이 우려나 올 때 더 값진 것이다.

올 봄이었다. 중학교 1학년 자유학기제로 디베이트 수업을 하게 되었다. 말이 중학교 1학년이지 초등학교 6학년과 수준이 같다고 생각하면 된다. 교복을 입고 있어 꽤 의젓해 보이지만 장난기가 가득한 중학교 1학년 학생들과 간단히 인사를 나누고 디베이트 수업을 실시함에 있어 지켜야 할 규칙을 먼저 알려주었다. 경청과 팀 단합의 중요성, 서로 배려하는 마음이 잘 이루어져야 잘 하는 수업임을 알려주었다.

평소 책을 많이 읽어 박식하다고 자부하는 반장을 비롯해서 목소리가 커서 유리할 것 같다는 친구, 외향적인 성격으로 자신감 하나는 누구에게도 뒤지지 않는다는 친구, 여러 개성을 가진 친구들이 토론을 위한 팀을 짜기 시작했다. 평소 말이 없거나 내성적인 친구들은 한 마디도 못하고 다른 친구들의 의견에 그대로 따르고 있었다. 토론을 처음 접하는 중학교 1학년 학생들에게 논리적인 근거 제시는 기대하기 힘들고 입론서를 읽는 것조차 힘들어했다. 평소 국어시간에 책 읽는 시간은 비교가 안될 만큼 떨리고 긴장되기 때문이다. 그 이유는 상대팀이 나의 입론서를 듣고 반박, 교차질의를 해야 하기 때문이다. 첫 토론 수업은 이렇게 정신없이 지나갔다.

2~3회 수업을 마치고 4번째 수업을 진행 하던 날 난 학생들이 많이 성숙해짐을 느낄 수 있었다. 보통 토론 수업을 진행하다 보면 3개월

정도가 되면 서서히 토론의 기본인 경청, 배려, 소통이 이루어지는 걸
볼 수가 있는데 같은 반 친구로만 구성 되어있어서 그런지 이번 수업
은 좀 빨리 토론수업에 익숙해져 가는 모습을 볼 수 있었다.

토론주제 : 불효자 방지법을 재정해야한다.

1팀

"우린 무조건 반대해야 되 불효자 방지법이 나온 구체적인 이유가
뭔지?"

"부모의 재산을 물려받고 '나 몰라라' 하는 자식들이 늘고 있어서
그렇지"

"불효자가 아닌 사람도 많잖아 구지 법까지 재정할 필요는 없잖아"

2팀

"불효자란 게 구체적으로 어디까지를 말하는 거지?"

"부모님 자주 찾아뵙지 않고 전화 안하면 불효자야"

"그럼 자주 찾아뵙는다는 게 일주일에 몇 번을 말하는 거야?"

"몰라 나도"

3팀

처음 토론 수업을 시작할 때와는 사뭇 다른 분위기다. 서로 각자 자신의 목소리를 내고 있었다.

한명이라도 상대방 의견을 무시하지 않고 잘 들어주었다. '경청'이 실천되고 있었다. 기특하기도 하고 생각보다 빠른 시간에 변화한 모습이 신기하기도 했다. 첫 시간엔 조사한 자료들은 전혀 보지 않고 자신들의 생각으로만 토의를 진행 했었다. 그리고 토의 진행하는 모습을 가만히 보면 평소 말이 없거나 조용한 친구의 의견은 바로 무시당하는 경우가 많았다.

다른 사람의 입장과 마음을 잘 헤아리는 모습은 보기 힘들었다. 하긴 성인들도 힘든데 하물며 중학교 1학년인데 오죽할까? 그런데 4회기가 되던 날 서로 의견을 나눠가며 소통하는 모습을 보니 얼마나 예쁜지 모른다. 본격적인 토론 배틀이 시작됐다. 매번 하는 말이지만 또 반복해서 다시 알려준다. 반드시 본인이 이 주제에 관해서 찬성하는지

반대하는지 입장을 반드시 밝히시고요 자기가 맡은 파트도 알려주셔
야 합니다

토론이 시작되면 절대 상대방의 말을 끊거나 반말을 하시면 안 됩
니다.
순서는 다들 아시죠 입안 － 입안 교차질의·반박·반박 교차질
의·요약·전체교차질의·마치막 초점.

"아시죠"
"네"
"다 잘 할 수 있겠죠"
"네"
대답이야 어디를 가도 중학생들을 못 따라 간다 얼마나 크게 잘 하
는지...

안녕하십니까? 불효자 방지법을 재정 해야 한다는 주제에 찬성 측
입안을 맡은 홍길동이라고 합니다.
주장을 하기에 앞서 먼저 논의배경과 용어정리를 하겠습니다.
저희 측 주장은 총 3가지로 첫째, 둘째, 셋째 이때 각 팀의 주장에
따른 근거도 제시해 줘야합니다

불효자 방지법 주요 내용

우리 민법은 증여받은 사람이 증여자 또는 그 배우자 및 직계혈족에게 범죄행위를 하거나 부양의무를 이행치 않으면 증여를 해제할 수 있도록 하고 있다. 하지만 증여를 해지하더라도 이미 증여가 이루어진 부분에 있어서는 반환을 요구 할 수 없다. 이미 증여한 부분도 부모가 반환받을 수 있게 만들자는 것이 불효자 방지법의 주요 내용이다.

〈찬성〉

1. 최소한의 효도를 할 수 있는 장치가 마련 될 수 있습니다.

2. 불효자 방지법을 통해 좋은 상속문화가 자리 잡을 수 있습니다.

3. 법으로 강제하면 오히려 마음에서 우러나오는 효도는 더 어려워질 수 있다. .

〈반대〉

1. 부모 자식 간에 전과자를 만들 수 있다.

2. 개정안의 부당한 대우가 지나치게 광범위하다.

3. 가족 간의 불화를 불러일으킬 수 있다.

총 6팀 중 입론서가 잘된 2팀의 배틀 부터 먼저 시작 했는데 찬성

팀의 입안자가 교탁 앞에서 말하는 것이 너무 떨린 나머지 마지막 주장을 반대 팀에게 유리한 주장으로 말 한 것이다.

"법으로 강제하면 오히려 마음에서 우러나오는 효도는 더 어려워질 수 있습니다." 순간 교실은 술렁 거렸고 찬성 팀원들은 멘 붕 상태가 되었다. 입론을 마치고 바로 작전 타임 시간을 가졌는데 같은 팀원 친구들이 실수한 친구에게 괜찮다고 누구나 떨리면 그럴 수 있다며 용기를 주고 있었다. 그런데 실수한 친구는 팀원들에게 미안해서 얼굴을 들지 못했다. 파이팅을 외치며 팀 회의 시간을 마쳤지만 결국 입안을 한 친구는 교차질의를 잘 마무리 못한 채로 자리로 돌아왔다. 같은 팀원들이 손을 잡아주며 잘 했다는 눈빛을 보내줬다.

토론 배틀을 다 마치고 수업 소감을 물어보는 자리에서 오늘 수업 후 느낀 점을 발표 시켰다. 토론 수업은 절대 혼자만 잘해서 되는 것도 아니며 팀에 몇 명만 잘한다고 결과가 좋은 것도 아니라서 팀워크가 절대로 필요한 수업이라고 했다. 늘 혼자만 공부하고 나 혼자만 잘하면 된다는 생각을 가져 왔는데 토론을 하면서 생각이 바뀌기 시작했다고 한다. 나 혼자 하는 공부보다 분명히 힘든 건 사실인데 수업을 마치고 나면 나도 모르게 뿌듯한 느낌이 들며 친구를 이해할 수 있는 마음이 생겼다고 했다.

말을 너무 잘해요

"선생님 이런 것도 고민이 될는지요?"

"왜요 어머니"

"제가요 참다가 도저히 안 되서 전화를 드리거든요"

"네"

"우리애가요 절 너무 괴롭히네요"

"어떻 해요"

"한 마디도지지 않고 말대꾸를 해요"

"네~~~"

"어찌해야 될까요?"

"어머니 제가 처음 상담했을 때 기억나세요?"

"네"

　　"4개월 정도가 지나면 어머니가 제일 힘드실 거라고 한 말 기억나
시죠"
　　"네 그렇지만 이정도 일 줄은 몰랐죠 그때 심정은 정말 바뀔 수 있
을까? 사실 의심도 갔었거든요"
　　"지금 영희는 토론 수업으로 변화하는 과정 이예요"
　　"지극히 자연스러운 변화예요"

　　자녀가 말이 두서가 없고 말을 하다보면 정확히 어떤 말을 하고 싶
은지 본인도 모르는 것 같다며 하소연 반 걱정 반으로 상담을 하러 오
신 게 벌써 4개월 전이다. 1시간정도 상담을 하게 되었는데 어머니가
말씀 하신 시간은 50분정도 정확히 말하면 난 어머니의 말을 일방적
으로 듣고만 있었다.

　　그때 어머니와의 대화를 잠시 보자

　　"그런데 선생님 우리 애도 말을 잘 할 수 있을까요?"
　　"어머니가 너무 조급하게 생각하지 않으시면 되요"
　　"너무 속상해서요 누굴 닮았는지 제가 옆에서 듣고 있어도 말의 핵
심이 없거든요 부모도 이런데 친구들은 오죽 하겠어요"
　　"근데요 어머니 영희 가요 어머니를 좀 닮은 것 같아요"

말을 잘한다는 것은 어려운 말을 사용하거나 미사여구를 많이 사용
하는 것이 아니라 상대방이 내 말을 듣고 싶어 하는지 또 내가 하고 있
는 말이 간단하고 명료하게 진행되고 있는지도 알아야한다. 발음이 정
확하지 못하거나 너무 빠르게 말을 하는 것도 말을 잘 하는데 걸림돌
이 된다. 그리고 전하고자 하는 핵심을 먼저 머릿속에서 정리 후 말을
하는 습관을 지녀야한다. 생각나는 데로 말을 하다 보면 앞 뒤 순서가
안 맞는 내용이 되거나 결론을 내기가 힘들어지기 때문이다. 주위를
보면 말 하는 것을 정말 좋아하는 사람들이 간혹 있다. 상대방 말은 거
의 듣지 않고 일방적으로 본인 말만 계속하는 것이다. 이런 경우 상대
방이 어떤 생각을 하는 게 중요하게 생각하지 않는다. 이런 습관은 대
화의 단절을 가져온다.

말을 잘하는 방법은 상황에 따라서 달라지며 제일 중요한 것은 상
대방에게 내 의견이 정확히 전달되도록 하는 것이다. 영희 엄마의 경

우도 마찬가지다. 본인의 평소 습관은 미처 인지하지 못한 채 자녀의 문제점만 크게 보고 있었다. 3~4개월 정도 수업 후 다시 미팅을 가지기로 했다. 그렇게 4개월의 시간이 지나고 어머니 전화가 온 것이다. 상담을 하다보면 처음 오실 땐 걱정되는 부분이 더 많아서 무조건 알겠다고 하시는데 막상 자녀가 변하기 시작하면 많이 당황해 하시며 계속 수업을 보내야 할지 생각이 많아진다고 하신다. 어떤 점이 어머니를 당황하게 했을까?

영희 어머니처럼 제일 먼저 바뀌는 변화가 엄마와 대화다. 토론수업을 하기 전에는 엄마의 말이 딱히 틀린 점이 없다고 생각했고 또 다른 대안도 없으므로 그대로 따르는 경우가 많다. 그런데 자녀가 토론수업을 4개월 정도 하고나면 제일 큰 변화가 과연 저 말이 논리적인가?

정확한 근거가 있는지를 생각하게 된다.

영희 엄마의 주장으로 영희와 엄마의 대화를 잠시보자

"영희야 영어 학원을 계속 다니는데 왜 영어 성적이 그대로니?"
"엄마는 왜 영어를 배워야 된다고 생각해"

"아니 영어 안 배우는 애들이 어딨어 다들 하니까 하는 거지"

"그럼 다른 애들이 하면 무조건 다 따라 해야 돼?"

"아니 대학 갈려면 국어, 영어, 수학이 필수니까 하는 거지"

"꼭 국어, 영어, 수학을 잘해야 대학갈 수 있어?"

"그럼 대학가는 수단 외는 영어공부는 할 필요가 없는거네"

"아니 얘가 왜 이리 말을 조리 있게 잘해 토론을 시켰더니 매번 날 괴롭히네"

보통 엄마와 딸의 대화 모습이다. 이럴 땐 화를 내거나 언성을 높이지 말고 왜 영어 학원을 다녀야 하는지 자녀에게 물어 보는 것도 한 방법이다.

"너는 영어학원을 왜 다닌다고 생각해"
"영어학원을 안 다니면 어떤 일이 생길까?"

정답을 알려주려고 하지 말고 자녀 스스로 생각할 수 있게 하는 것이다.

TV뉴스를 보면서도 그냥 넘어가는 적이 없다고 한다. 아빠나 오빠 엄마에게 뉴스의 한 면만 보지 말고

다른 면도 같이 생각해야 된다며 찬성 쪽이 있으면 반드시 반대도 존재 한다고 알려주기도 한단다. 본인의 가치관이나 생각이 바로 서있지 않으면 한쪽 말에 휘둘리게 된다며 항상 양면을 보는 습관을 지니라며 가족들에게 충고도 하단다.

어머니가 생각하시는 막연히 말을 잘 한다는 것은 간단명료하게 핵심만 말하는 것으로 생각했었는데 영희가 논리적으로 말 하는 것을 보시곤 자꾸 피곤하게 생각이 된다며 걱정 아닌 걱정을 하셨다.

토론 수업을 하다 보면 제일 먼저 토론 상대가 되는 것이 엄마이다. 자녀와 제일 많은 시간을 보내기도 하고 또 제일 편한 상대이기 때문이다. 몇 개월 사이 바뀐 자녀로 인해 스트레스를 받지 말고 같이 즐겨 보는 것도 한 방법이다.

3분 동안 키워드 3~4개를 가지고 서로 말을 해본다든지 아니면 한 주제를 놓고 서로 찬성, 반대로 토론을 해보는 것도 좋은 방법이다. 자녀의 말이 어눌해서, 혹은 너무 말이 많아서, 말에 핵심이 없어서, 상

대의 말을 전혀 듣지 않으려고 해서 걱정했던 부모님들이 이젠 말을 좀 하기 시작하니 상대가 본인이라는 사실 때문에 피곤하다고 하신다. 내가 바뀌긴 힘드니 자녀라도 바꿔야 한다는 것이 아니라 자녀가 바뀌어가는 시간에 엄마도 같이 바뀌면 더 좋지 않을까? 나도 마찬가지만 우리 부모세대가 논리적으로 말하는 사람은 극히 드물다. 그래서 자녀의 논리적 사고가 더 피곤함으로 느껴질 수 있다.

"이유가 어딨어 그냥 시키면 시키는 데로 하면 되지 부모가 너 안 좋게 하려고 그러냐?"

이런 모호한 대답보다 자녀의 변화에 긍정적으로 칭찬으로 대해주고 또 어떤 질문이든 성실히 대답해주는 자세가 필요하다.

뉴스와 책을 보기
시작 했어요

예전 뉴스엔 좋은 소식보단 나쁜 소식이 더 많았다. 사건, 사고가 끊이질 않았다. 그래서 난 언젠가 부터인가 신문과 뉴스를 보지 않았다. 그런데 토론 수업을 시작 하면서 바뀌기 시작했다. 토론 수업을 준비하려면 먼저 국제적 이슈부터 문화, 예술, 과학 북핵 문제 등 어떤 것도 주제가 될 수 있다. 토론은 어느 한 분야를 배우는 것이 아니라 세상에 관한 모든 지식을 다양하게 배울 수 있기 때문이다. 예를 들면 악성 댓글 처벌에 관한 논제에 대해서 토론 하다보면 막연히 악성댓글로 인한 피해뿐 아니라 표현의 자유가 어디까지 허용될 수 있는지에 대해서도 알 수 있다.

토론 수업의 큰 장점은 스스로 공부 하게끔 만드는 것이다.

토론 주제가 정해지면 그 주제에 관한 찬성, 반대 주장과 그에 따른 근거를 포함한 배경지식을 찾아서 이해해야 한다. 다른 교과목처럼 혼자 외워서 할 수 있는 수업이 아니다. 내가 주장하는 근거가 설득력이 있어야 하며 또 상대방이 인정할 만큼 객관적 이어야 한다. 그러기 위해선 신문, 책, 논문, 뉴스 등 다양한 채널에서 정보를 얻어야 한다. 그래서 토론 수업을 시작하면 안 보던 뉴스도 관심을 갖게 되고 신문 헤드라인도 자연스레 관심을 갖게 된다.

"선생님 토론 수업을 3시간으로 하면 안돼요?"

"니들 집중하면 에너지 소비가 많아서 힘들다면서"

"괜찮아요 다음 달부터는 한 시간 더해요"

"2시간으로 수업하긴 너무 짧아요"

"다른 과목도 이렇게 공부 좀 해봐라 부모님들이 얼마나 좋아 하시겠니"

"다른 과목은 매번 외우고 문제 풀기만 반복 하는데요 뭘"

"토론수업 준비가 더 힘들지 않아"

"네 더 힘들어요 그런데 이건 뭐랄까 성취감이 있어요 내가 미처 준비 못한 부분에 관한 게 나오면 반성도 되고 자존심도 상하지만 상대가 어떤 주장, 근거를 가지고 나올지 모르니 그 만큼 전율도 있어요"

"수업 할 때 마다 긴장하는데 스트레스지 받지 않아?"

처음엔 너무 긴장해서 내가 무슨 말을 하는지 또 상대가 어떤 말을 했는지 전혀 생각나지도 않을 만큼 떨리지만 차츰 형식에 익숙해지고 상대방 말이 조금씩 들리기 시작하면 디베이트 수업이 기다려지기 시작한다. 어차피 토론 주제에 관해 정답은 없다. 어느 팀이 얼마나 다양한 자료 조사로 설득력 있는 주장과 근거를 내세우느냐에 따라서 수업의 만족감이 달라진다. 초등학교 저학년 때부터 꾸준히 논술 수업을 해오면서 글쓰기가 탄탄하게 준비된 학생들도 있지만 토론 수업을 참여하는 학생 중 평소에 책을 읽지 않거나 글쓰기가 전혀 안 되는 학생이 많다. 그러니 뉴스나 다른 매체는 더더욱 흥미가 없을 것이다. 그런데도 토론 수업으로 인해 뉴스와 신문에 관심을 가지는 것은 흥미로운 변화다.

"예을 들어 물어보자 학교숙제를 안 해갔을 경우 선생님이 체벌하시면 그 체벌은 정당한 것 같아"

"네 숙제를 안 해 갔으니 당연히 체벌 받는 게 정당 하죠"

"다른 친구에게도 물어보자"

"아뇨 그렇다고 체벌은 아니예요 대화로 풀 수도 있는데 무조건 체벌부터 하고 보는 건 아니라고 생각해요"

"저도 체벌은 아닌 것 같아요 다시 숙제를 많이 주시는 게 더 현명한 방법 같아요"

"자 친구들 의견을 들어보니 어때"

"생각이 다 다르네요"

"그렇지 그렇다고 다 틀린 생각은 아니지 너와 생각이 다를 뿐이지"

"네"

이렇듯 신문사도 현재 일어나는 일중에서 국민들에게 알리고 싶거나 화재거리가 될 수 있는 기사를 중심으로 쓰지만 신문사마다 색깔이 서로 다르기 때문에 같은 사건이라도 다른 내용으로 기사가 나오게 되는 것임을 알려주었다. 매번 무심하게 지나치며 뉴스를 즐겨보지 않았던 학생들이 수업이 진행됨에 따라 관심을 끌게 되는 이유는 사회이슈로 배틀을 하고 나면 뉴스에 나오는 사건, 이슈에 더 관심을 갖기 때문이다.

'인공지능 개발을 계속해야 하는가' 주제로 토론을 진행 할때다.

"인공지능 개발에 찬성해요 왜냐하면 지금 심각한 문제인 저 출산 해결에도 도움을 줄 수 있어요"

"전 반대해요 왜냐하면 인공지능이 개발이 많아질수록 그만큼 인간의 일자리도 줄어들기 때문 이예요"

"일 자리가 무조건 줄어드는 건 아니예요 로봇 공학자 같은 새로운 일자리가 생기게 돼요"

"물론 그럴 수 있지만 인공지능이 많아지면 인간을 지배하는 인공지능도 나올게 될 거예요"

이렇게 열띤 토론 배틀을 펼친 뒤 아이들이 먼저 소감을 말해 왔다.

"선생님 전 인공지능으로 토론을 하기 전 에는 좋은 점이 많을 거라고 생각했거든요 근데 신문기사를 조사 하다 보니 좀 무섭기까지 하더라고요"

"전 어쩔 수 없는 시대적 흐름이라고 생각해요 인공지능의 문제점도 많지만 그렇다고 다시 구석기 시대로 돌아갈 수는 없잖아요"

'이번 인공지능개발이라는 주제를 토론하기 위해 자료조사는 어디서 어떻게 진행됐는지 발표해보자"

〈영수〉

"전 네이버, 구글에서 자료를 찾았어요 주로 신문기사를 보고 준비
했어요"

〈길동〉

"전 도서관에서 인공지능에 관한 과학 잡지와 구글에서 정보를 찾
았어요"

〈영희〉

"저도 네이버, 구글에서 리서치 했어요 키워드를 인공지능만 쳐도
정보가 넘쳐 나더라고요 그 중 신문기사 위주로 많이 찾았어요"

〈영수〉

"토론을 하기 전 엔 신문에 아무런 관심도 없었거든요 그런데 토론
수업 후 오늘은 어떤 사회적 이슈가 생겼는지 궁금해지더라고요 그리
고 은근히 신문도 보다 보면 재미있는 것도 많아요"

〈길동〉

"저도 그래요 매일 뉴스를 보면 안 좋은 사건,사고 소식만 들려주잖아요 그런데 채널마다 뉴스를 다루는 관점이 다르고 풀어내는 시각도 달라서 보기 시작하니 나름 괜찮았어요"

〈영희〉

"전 어떤 시회적 문제가 생기면 토론해보고 싶은 욕구가 생겨요 막연히 한 줄 뉴스인데 좀 더 깊이 자세히 알고 싶은 마음이 생긴다고 할까?"

아무리 글을 잘 쓰고 책 읽기를 좋아한다고 해도 어떤 주제를 찬반으로 나누어 명확하게 자신의 의견을 펼친다는 것은 쉬운 일은 아니다. 막연한 생각만으로 주장을 뒷받침할 근거가 탄탄해 질 수도 없으며 상대방이 반박 시 재반박을 할 수 있는 준비도 되어 있어야한다. 그러기 위해선 충분한 준비가 필수다. 소에 관심이 없었던 사회적 문제에 관심을 가지게 되고 다양한 자료조사를 통해 생각의 폭이 넓어지는 계기가 되기 때문이다.

자신감이 생겼어요

"선생님 저 반장 됐어요"

"대박 진짜로"

"네 당연 하죠 제가 아님 누가 해요"

"친구 추천으로 된 거야?"

"아뇨 제가 반장 지원해서 됐죠"

"축하한다"

"선생님 좀 놀랐죠"

"아니 언젠가 할 줄 알았어 흐뭇해"

"감사합니다"

"3학년 되면 회장선거도 나가 볼려 구요"

"그래 최고다"

중학교 1학년 된 재석이와의 통화다. 초등학교 4학년 때 만난 재석이는 학교에서 공부를 잘하는 학생으로 논술수업을 계속해서 글 솜씨도 좋았다. 그런데 낯가림이 너무 심한 것이 흠이었다. 초등 방과 후 수업을 하고 있을 때 재석이 담임 선생님이 재석이를 데리고 오셨다. 우리 학교 모범생인데 성격이 너무 내성적이라서 걱정이라고 하시며.... 재석이의 첫인상은 그랬다. 너무 내성적으로 보여서 차후 성격이 안 바뀌면 혼자서 할 수 있는 연구원 쪽으로 진로를 정할 수밖에 없겠다고 생각할 정도였다.

적응하기가 쉽지 않겠다는 생각을 했다. 갑자기 토론 수업에 참여하게 된 것도 당황스러울 텐데 수업 참여까지는 무리가 있어 보였다. 자기소개도 앉은 자리에서 하고 첫날은 그렇게 수업 참관하는 것으로 보내고 둘째 날 부터 본격적인 수업 참여를 시켰다. 간단한 1분 스피치로 시작해서 한 주 동안 있었던 일 친구와 얘기하는 시간까지 모두 처음 보는 친구들과 대화를 나누는 시간으로 이어졌다. 목소리는 거의 모깃소리보다 작았고 시선을 어디를 둬야 할지를 몰라 얼굴까지 빨개졌다. 이렇게 총 한 달 수업이 지나자 한결 밝아진 모습으로 인사하는 재석이를 만날 수 있었다.

"재석아 할 만해?"

실력이 뛰어난 학생보다는 노력하는 학생이 더 예쁘다. 힘든데 본인 성격을 바꾸기 위해 견뎌 본다는 말이 짠하게 들려왔지만 노력하는 모습이 예뻐 보였다. 재석이는 두 달이 지나도 여전히 교탁 앞에서 발표는 못하고 있었다. 차츰 표정이 밝아지고 있었지만 수업 참여는 힘들어 보였다. 그런데 희망이 보였던 건 수업시작 전 제일 먼저 와서 기다리고 하고 인사도 곧 잘하는 변화된 모습 때문이었다. 잘 웃고 아주 가끔이지만 선생님 예쁘시네요 농담도 하고 생각지도 못한 변화였다. 토론은 여전히 힘든데 수업은 오고 싶다는 이상한 주장을 펼치면서 매번 주장, 근거가 탄탄한 입안서를 작성하고도 한 번도 발표를 못하더니 3개월째 드디어 실력발휘를 하기 시작했다. 교탁 앞에서 처음 입안을 발표 하던 날 첫날보다 목소리도 커지고 표정도 안정되어 보였다. 심판에게 눈 맞춤도 해가며 제법 여유도 보여줬다. 그동안 청중 평가단으로 보냈던 시간이 헛되지 않았다.

토론은 같은 조건으로 발언의 기회가 주어지므로 정해진 시간 내 상대방의 주장을 논리적으로 반박할 수 있어야 된다. 그러므로 경청이나 순발력은 필수요건이다. 보통 다른 학생들도 재석이처럼 3개월째 접어들면 서서히 수업에 적응하기 시작한다. 교탁에 서 있는 것조차 힘들어 했던 학생들이 선생님 교탁 앞에 서는 건 이제 안 떨려요"라고 말하기 시작하고 상대방의 주장, 근거가 들리기 시작하면서 1~2개 정도의 교차질의도 가능해진다. 상대방이 어떤 주장을 펼칠지 수업 전에는 전혀 모르기 때문에 그 만큼 전율이 있기도 하고 그러므로 더 준비를 철저히 해야 한다. 자신이 열심히 자료 조사해서 작성한 입론서는 상대팀의 두려움을 없애는 가장 큰 도구가 된다. 그리고 수업 후 얻은 자신감은 리더쉽으로까지 이어지게 된다.

나와 2년 가까운 시간을 디베이트 수업을 하면서 재석이는 완전 딴사람이 됐다. 친구에게 먼저 다가갈 줄 아는 여유로움도 생겼고 성격이 바뀌다보니 항상 웃고 다니는 밝은 얼굴로 바뀌었다. 중학생이 되면서 선생님 제가 선물 드릴게요 하고 문자가 왔었는데 그 선물이 반장선거에서 당당히 1등을 했다는 소식이었다. 누구의 도움도 없이 스스로 해낸 결과라서 더 대견스러웠다.

재석이 처럼 1년 만에 자신감을 갖게 되는 학생, 늦으면 2년 만에 스스로 변화는 학생을 디베이트 수업으로 많이 볼 수 있었다. 성격이 바뀌니 모든 것에 적극적이고 자신감을 가지게 됐다. 자신감이 생기면 제일 먼저 바뀌는 것이 목소리의 변화다 평소 옆에 앉아있어도 잘 들리지도 않던 목소리가 교탁 앞에서 발표해도 뚜렷이 잘 들릴 정도로 목소리가 커지며 자신감이 묻어난다.

중학교 1학년 때부터 고등학교 1학년까지 4년간 디베이트 수업을 한 학생이 있었다. 디베이트 수업을 하면서 내가 느끼는 변화 보다 본인과 부모님이 느끼는 변화가 더 큰 것을 이 학생을 통해 알 수 있었다. 4년간 수업 후 대학 진학을 위해 디베이트는 그만하고 공부에 매진하자고 권유 드렸더니 학부모가 절대 안 된다고 하셨다. 혹시라도 수업을 안 하게 되면 수업 전 아이의 모습으로 돌아갈 것 같아서 겁이 난다는 것이다. 한번 생긴 자신감을 쉽게 없어지지 않고 또 본인이 노력해서 얻었기 때문에 걱정하지 않으셔도 된다고 알려 주었다.

토론 수업을 하다 문득 정말 학생들이 이 수업으로 인해 어떤 변화를 느끼고 있는지 궁금해졌다.

사고력과 발표력, 분석력이 늘 수밖에 없지만 그래도 학생들이 느끼는 변화를 구체적으로 알고 싶었다.

"여러분 토론하면 학교 수업에 어떤 부분이 도움이 되요?"

"수업 시간에 발표는 제가 다해요"

"그래"

"선생님과 친구들이 갑자기 많이 변했다고 비결을 물어봐요"

"그렇구나 발표할 때 힘들지 않아"

"전혀요 수업시간에 발표는 교차질의가 없잖아요 그래서 완전 쉬워요"

"그리고 선생님께 질문도 굉장히 많이 하게 되요 물론 수업진도를 나가야되니 다 대답을 해 주시진 못하지만 수업 준비를 많이 해온 학생으로 좋은 인상을 심어주게 되니 공부도 재미있어지던데요"

"다른 경우는 없니?"

"저 같은 경우는 친구들의 의견에 경청을 잘하다 보니 배려심이 깊은 친구로 인정받게 됐어요"

"선생님 근데요 제가 말 하는 게 두렵지가 않으니 반장, 부반장 같은 리더 가 되고 싶어 지더라구요"

"그럼 도전 하면 되지"

"다음 학기엔 도전해 보려 구요 엄마가 무척 좋아 하세요 스스로 하고 싶은 게 생겼 다구요"

막연히 말을 잘 하게 된 것이 아니라 토론으로 인해 폭넓고 다양한 지식으로 스피치 실력이 향상된 경우 자신에 대한 믿음이 생기게 된다. 이런 믿음으로 얻은 자신감은 학교생활에 바로 영향을 미치며 다양한 친구를 형성해 폭 넓은 교우관계가 만들어 질 수 있다.

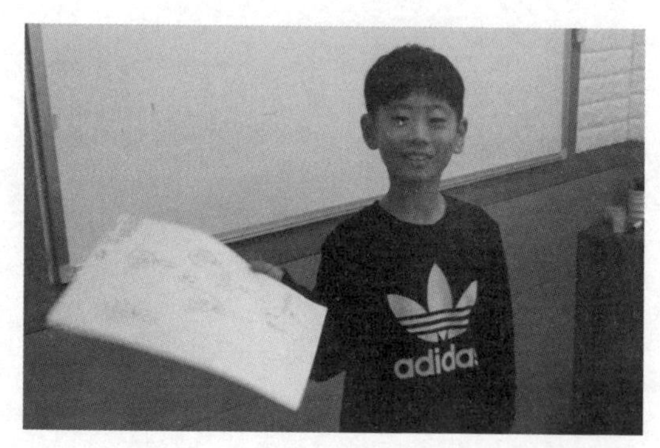

스피치 후 박수를 받은 학생은 당연히
자신감이 생기게 마련이다.
차츰 스피치 시간을 늘리면 어느 순간 3분 스피치도
가능한 자신을 발견 하게 된다.

Chapter 05

디베이트 사례
우리 아이가 달라졌어요

토론수업이 익숙해지는 첫 한 달 동안 스토리텔링수업으로
편하게 대화를 할 수 있는 분위기를 만들어주고 30초라도 재미있는 주제로
간단한 스피치 수업을 겸하게 하여 조금씩 수업에 적응도 하며
친구들과 친해질 수 있는 계기를 만들어 주면 편한 마음으로 토론수업을
시작할 수 있다. 막연히 토론 수업은 말을 잘하는 학생들만 다니는 곳이며
상식이 풍부해야 가능하다는 선입견을 없애 줘야한다.

친구가 한정되어 있어요

　　　　　　　5월쯤 블로그를 보고 초등학교 3학년 학부모가 상담을 주셨다. 상담요청 이유는 자녀가 항상 정해진 친구들만 만나고 새로운 친구 사귀는 걸 어려워한다는 거다. 어머니를 닮아 성격이 소심한 것 같아 걱정이 이만저만이 아니라고 하셨다. 늘 익숙한 친구들과 어울릴 때는 밝고 좋은데 학년이 바뀌고 새로운 친구들과 만나면 적응할 때 까지 스트레스를 받는다고 한다. 새로운 친구들과 친해지는데 시간이 너무 오래 걸리는 것이다. 엄마가 새로운 친구들과의 관계에서 어떤 점이 가장 힘드냐고 물어보면 친구들과의 대화 시 본인이 틀린 말을 할까봐 선 듯 말을 하기 가 두렵다고 했다고 한다.

　　남들의 시선이 두려운 사람이 있다. 항상 자신의 생각보다는 남들의 시선을 먼저 의식해서 대화를 시작도 못하고 그로 인해 새로운 만남 자체를 어려워하는….

상담을 주신 어머니가 꼭 아들 성격과 같아서 사회생활 하는데 너무 힘드셨다고 한다. 그런데 아들이 꼭 자신을 닮아 똑 같은 성향을 가지고 태어나서 너무 걱정된다고 하셨다. 소심하고 내성적인 아이의 특징이 항상 나보다 남을 먼저 의식 하는 거다. 물론 여기엔 자존감이 낮아서 오는 소심함도 있다고 본다. 이런 일이 자꾸 반복되다 보면 결국 익숙함에 길들려져 새로운 것은 자꾸 피하게 된다. 우리 사회가 내가 익숙한 것만 하고 살 수는 없다.

타고난 성격을 다 바꿀 수는 없어도 변화 시킬 수는 있다. 예전에 성격이라는 것은 유전적인 부분이 크게 때문에 절대 바꿀 수 없다고 생각했다. 하지만 지난 7년째 토론 수업을 진행하면서 반복된 연습과, 토론으로 실제 성격이 바뀌 는 아이들을 경험하고 나니 학부모에게 자신 있게 답을 줄 수 있었다. 디베이트가 교과목도 아니고 당장 배운다고 효과가 보이는 것도 아니지만 멀리 길게 보고 준비하면 반드시 변화가 찾아온다. 처음 수업을 시작할 때 내성적인 학생들이 이 수업을 하면서 성격변화가 가능하다고 하는데 정말 가능할까? 란 의문에 답을 찾기 위해 7년간 많은 학생들과 수업한 결과 성격을 변화할 수 있다는 답을 얻었다.

요즘은 옛날처럼 자녀수가 많은 것도 아니고 평균 1~2명 정도인데 자녀의 소심한 성격으로 인해 혹시나 학교생활이 적응이 어려운건 아닌지 친구 간 소통에 문제는 없는지 비슷한 고민을 가진 학부모들이 상당히 많다. 디베이트 수업의 특성상 한 사람도 빠짐없이 교탁 앞에서 발표를 해야 하고 처음엔 이런 수업방식이 너무 힘들고 어렵게 느껴지지만, 초보반에서 또래들과 수업을 시작하면 비슷한 고민으로 수업에 참여한 친구들이 많기 때문에 동질감도 느끼고 또 조금만 잘해도 자신감이 생기게 된다. 그 이유는 디베이트 수업이라고 해서 처음부터 토론만 하지 않기 때문이다. 처음 보는 친구들과 친해질 시간도 없이 바로 토론 수업에 들어가면 아이는 반감을 느끼며 다시는 수업에 참석하지 않는다.

토론수업이 익숙해지는 첫 한 달 동안 스토리텔링수업으로 편하게 대화를 할 수 있는 분위기를 만들어주고 30초라도 재미있는 주제로 간단한 스피치수업을 겸하게 하여 조금씩 수업에 적응도 하며 친구들과 친해질 수 있는 계기를 만들어 주면 편한 마음으로 토론 수업을 시작할 수 있다. 막연히 토론 수업은 말을 잘하는 학생들만 다니는 곳이며 상식이 풍부해야 가능하다는 선입견을 없애 줘야한다. 같은 반 친구들과의 대화가 어색하지 않게 되면 간단한 토론을 시작하게 된다. 여기서 토론 주제는 초등학교 3학년 수준을 고려한 주제로 선정해야

한다.

  예를 들면 '학교에 휴대폰소지를 금지해야한다.', '가정에서 TV를 없애야 한다.' '초등학교에서 이성교제는 허용되어야 한다. 등 자신들이 현실에서 바로 경험하고 있는 부분을 토론 주제로 삼아서 수업을 진행하면 훨씬 적극적으로 수업에 참여할 수 있게 된다.

  5월, 초등 3학년 수업초기는 바로 옆에 있는 친구의 목소리도 잘 들리지 않았다. 서로 낯가림도 심하고 새로운 친구를 사귀는 방법도 잘 모르고 다들 비슷한 고민으로 디베이트 수업을 왔기 때문에 누구하나 이끌고 가는 친구도 없었고 친해지기 위해 노력하는 친구도 없었다. 첫 수업부터 교탁에서 발표를 시키면 아무도 디베이트 학원을 다니지 않는다. 각자 자리에 앉아서 간단한 소개를 하게 한다. 본인의 이름, 학교를 밝히고 이 수업에 참여하게 된 동기를 알려달라고 하면 100% 엄마의 권유로 왔다고 한다. 본인의 의지는 0%도 없다는 힘없는 대답을 참석한 6명 전부다 복사 한 것처럼 하고 있었다. 각자 친구들에게 궁금한 점을 질문하라고 하면 대부분 처음 만난 초등학생들은 이렇게 질문한다.

"어디에 살어"
"창원"

이런 질문들을 본인들은 심각하게 무표정으로 웃지도 않고 한다. 수업을 지켜보는 나만 이상한 사람처럼 웃고 있는 시간이 지나면 각자 친구의 첫인상 소감을 알려주는 시간을 갖고 각자 인터뷰한 친구의 한 가지 씩 말하게 한다. 그럼 대부분의 친구들은 "없는데요라고 말한다." 새로운 친구들을 사귀고 싶지만 내가 다가서긴 너무 힘들고 대신 친구들이 다가와 주면 친하게 진낼 수 있는 생각은 언제든지 가지고 있다는 느낌을 서로에게 전해주고 누가 먼저랄 것도 없이 수업 후 각자 인사도 안하고 조용히 집에 간다. 그리곤 집에 가서 어머니에게 애들이 너무 내성적이라서 재미가 없었다는 둥 그 중에 내가 말을 제일 많이 했다는 둥 이상한 논리를 피면서......

　그런데 5개월이 지난 지금은 어떤 모습일까? 아주 수업시간마다 시끄럽기 그지없다. 몇 개월 만에 가능한가? 라고 질문하면 '가능하다' 고 장담할 수 있다.

　매번 2시간 동안 질문하고 토론하는 시간을 보내다 보면 자연히 말을 많이 할 수 밖에 없고 그러다 보면 어느 순간 자신이 어렵지 않게 말을 하고 있는 것을 발견하게 된다. 5개월쯤 되면 이제 친구들도 익숙해지고 수업도 적응이 되어 목소리의 변화가 오기 시작한다. 그럼 학교가면 원래 상태로 돌아가는 건 아닐까? 걱정하실 수도 있다. 물론 5개월 만에 완전히 바뀌지는 않는다 그렇지만 2개월 후 부터 교탁에서 발표하는 시간이 많아지고 자신의 주장을 논리적으로 펼치는 연습이 어느 정도 됐기 때문에 자신감이 생기게 되어 새로운 친구에게 먼저 다가가는 것이 두렵거나 힘들지가 않게 된다. 초등학생의 특성상 토론학원 다닌다고 자랑도 많이 하고 선생님께 어필도 하고 싶어하며 스스로 자신감을 얻게 된다.

타인에게 먼저 다가서는 게 힘든 친구들은 먼저 다가서는 연습을 해야 한다. 말을 잘해서가 친구를 사귀는 게 쉬운 게 아니라 간단한 인사라도 먼저 하는 연습을 하고 친구와 마주치면 이름을 먼저 불러주며 짧게라도 반갑게 웃어 보인다면 새로운 친구에게 다가서 게 그리 어렵지는 않을 것이다.

목소리가 너무 적어요

주위를 보면 목소리가 작아서 고민인 분들이 많이 있다. 목소리가 너무 커서 불쾌감을 주는 사람도 있지만 목소리가 너무 작아도 사회생활이나 인간관계도 어려움을 느끼는 경우를 종종 볼 수 있다. 학부모들의 고민은 자녀가 부모의 단점은 닮지 않았으면 하는 건데 결과는 너무도 부모의 단점을 꼭 같이 닮은 자녀가 태어난다는 거다. 자녀를 초등학교에 보내어 단체생활을 하면서 알게 되는 아쉬운 점들이 혹여나 성인이 되어서도 이어져 불편을 겪을까봐 초등학생 때 고쳤으면 하시는 어머니들을 자주 만나게 된다. 남편이 중국으로 발령이 나서 가족 모두가 중국에서 3년간 살다 오신 어머니가 상담을 주셨다.

"지인의 소개로 왔어요 지적인 수준도 필요 없고 책을 안 읽어도 되는데 한국 와서 애가 학교에 적응을 못하고 있어요"

"자녀의 어떤 점이 학교에 적응을 못한다고 생각하세요?"

"중국 있다가 한국 온지 3개월 만에 학교 공개수업을 간적이 있어요 근데 우리 애가 너무 기가 죽어있는 거예요 그것도 속상했는데 담임 선생님이 질문을 했을 때 목소리가 너무 작아서 뒤에선 잘 들리지도 않는 거예요 제가 너무 속상해서"

"어머니 학교 공개 수업 땐 선생님도 떨리고 학생들도 많이 떨려요"

"아뇨 중요한 건 선생님이 절 따로 부르셔서 웅변학원이나 스피치 학원을 권유 하시는 거예요 외국과 수업방식이 다르다보니 적응하는데 시간이 걸린 수도 있으나 지금처럼 수업시간을 힘들어하는 시간이 길어지면 적응하는데 문제가 생길 수도 있다고 하시면서...."

"네 알겠어요 먼저 학생과 면담 후 다시 연락드릴게요"

올해 초등학교 6학년에 편입한 학생을 만나보니 생각보다 심각하진 않았다. 처음 보는 나와 상담하는 중간 중간에 웃어 보이기도 하고 자신이 생각하고 있는 자신의 단점과 장점을 정확히 알고 있었고 고치려는 의지도 강해 보였다. 본인 스스로가 자신의 단점을 포기하거나 아예 단점 자체를 인지하지 못하고 있다면 문제는 달라지지만 이 학생의 경우 본인의 의지가 강해서 충분히 빠른 시간에 고칠 수 있을 거라는 확신이 들었다.

학생에게 한국에서 초등학교 생활 중 가장 힘든 것을 질문하니 역시나 성적이었다. 중국에서도 나름 열심히 공부한다고 했는데 초등학교 2학년 때 중국 가서 6학년이 되어 돌아와 보니 너무 많이 바뀌었다는 것이다. 물론 초등학교 2학년이 알면 얼마나 알고 초등학생 당시 뭘 느꼈겠냐 싶지만 그래도 본인이 생각했던 초등학교 생활과 공부방법이 한국에 돌아와 보니 예상과 너무 달라 당황스럽다고 했다. 가장 크게 혼란이 왔던 것은 학교 진도가 생각보다 너무 빨리 진행되고 수행평가도 많아서 외국에서 온 학생들이 적응하기엔 힘들다는 것이다.

현재 영어, 수학, 국어 학원을 동생과 같이 다니고 있지만 이 역시도 갑자기 많은 양의 수업을 한꺼번에 하다 보니 학교수업 못지않게 어려움으로 느낀다고 했다. 평소 자신의 성격을 평가할 때 외향적이거나 리더십이 있는 편은 아니라고 한다. 그렇지만 친구들과 어울리고 소통하는 것에는 문제가 없었다고 했다. 그런데 부모님 따라 중국에서 생활하면서 조금씩 성격이 바뀌기 시작했다고 한다. 부모님의 회사발령에 따라 갑자기 떠나게 되어 언어에 대한 준비도 전혀 안되어 있었고 한국 친구들과 헤어지는 마음도 준비가 안 된 상태에서 전학을 가게 되었다고 한다. 이 학생은 한국에 남고 싶었지만 현실적으로 어려웠다고 얘기하면서 사실 엄마에게 얘기를 안 해서 그렇지 중국에서도 문제가 많았다고 털어놓았다.

언어가 다른 중국에서 한동안 친구 사귀는 게 힘들어서 우울증이 오기도 했고 언어가 안 통하니 아빠가 쉬는 주말 외는 외출은 엄두도 못 냈다고 한다. 중국에서 1년을 생활하다 보니 친구들 말이 서서히 들리기 시작했고 학교생활도 적응되기 시작했다고 한다. 타 지역이 아니라 외국으로 전학 가서 적응 하는 게 얼마나 힘든 줄 느꼈기 때문에 그냥 중국에서 살았으면 했는데 다시 한국으로 돌아와 적응할려니 가슴이 답답하고 무엇보다 친구가 한 명도 없다는 사실이 너무 힘들다고 했다.

중국과 수업방식이 다른 것도 매 시간마다 스트레스고 수업 진도가 너무 빨리 나가는 것 같아 학원에서 선행을 하지 않으면 도저히 학교 수업을 따라잡을 수가 없다는 것이다. 다른 친구들은 저학년 때부터 꾸준히 학원을 다녀서 별 어렵다는 것을 느끼지 못하겠지만 본인은 학원 수업조차도 너무 힘이 들어 고민이 많다고 했다. 학교 수업에 학원 수업까지 시간이 빠듯한데 토론 학원까지 다닐 여유가 있겠냐고 물었다. 학부모가 아무리 원해도 수업하는 학생 본인의 생각이 제일 중요하기 때문에 성적을 조금 올리고 나서 스피치나, 토론은 중학교 때 부터 시작해도 되니 너무 조급하게 생각하지 말자고 했다.

그런데 이 학생은 지금 제일 급한 게 친구를 사귀는 일이라고 했다.

외국에서 몇 년간 생활하다 보니 또래 문화에 대해 이해하기 힘들고 친구들이 말하는 대화를 알아들을 수가 없어 학교에서 왕따 아닌 왕따라고 했다. 원래 외향적인 성격이 아닌데다 모든 것이 낯설어서 친구들에게 다가가는 게 더 힘들다고 도와달라고 했다. 자신감이 자꾸 없어지니 목소리가 더 작아지고 이런 것들이 반복되다보니 더 혼자가 되는 것 같다고 지금 제일 급한 게 성격 바꾸는 것이라고 했다.

초등학생들이 학교생활시 목소리가 작은 것은 자신감이 없어서 그렇기도 하고 또 예외적으로 본인은 자신이 목소리가 작다고 인식을 못하는데 주위 친구들에 의해서 본인이 목소리가 작다는 것을 알게 되는 경우도 있다. 이런 경우 앞서 자신감이 없는 학생과는 다르게 목소리 자체에 힘이 없어 타인에게 목소리가 작게 들리는 것이다. 외국에서 잠시 생활하다 온 이 학생의 경우 목소리에 힘이 없는 건 아니고 그렇다고 내성적인 성격은 아닌데 환경이 자꾸 바뀜으로 인해서 자연스럽게 적응하는 시간동안 자존감이 내려가 있는 상태가 된 것 같았다.

목소리가 작다는 것을 본인도 알고 있는데 자꾸 주위에서 '목소리가 안 들린다' 라는 소리를 듣게 되면 더 자신감이 떨어지고 목소리는 더 작아지게 마련이다. 목소리를 크게 낼 것을 요구할 것이 아니라 가정이나 친구들이 적극적으로 도움을 줘야한다. 내성적이고 목소리가 작아서 고민인 학생들의 첫 수업을 잠시 보면

발성연습부터 시작한다. 정확한 발음은 발표에 기본이기 때문이다. 앞에서 강사가 아무리 열정적으로 해도 첫 수업부터 목소리가 커진다고 생각하면 절대 안 된다. 절대 안된다. 그런 학생은 본 적도 없다. 그래서 본격적인 토론에 임하기전 몸 풀기 형식으로 게임을 고안해냈다. 첫 번째 게임은 5분, 두 번째 게임은 10분으로 총 2번, 15분에 걸쳐 토

론주제와 관련된 속담, 어휘가 적힌 카드를 미리 제작해 학생들에게 무작위로 배분해준다. 카드의 젤 위는 속담이 적혀있다. 아래는 속담에 대한 설명이 적혀있고 맨 아래에는 확인 도장을 받을 칸이 있다. 어휘카드도 마찬가지이다. 게임의 방식은 간단하다. 카드와 도장을 받은 학생들은 자유롭게 돌아다니며 일단 자신부터 카드를 이해한다. 이해해야 설명이 가능하기 때문이다. 이는 자연스럽게 토론 실력 향상으로도 이어진다. 이해가 되었으면 돌아다니고 있는 친구를 아무나 붙잡고 자신의 카드에 대한 설명에 들어간다. 설명을 들은 친구는 카드를 보지 않고 설명만으로도 충분히 이해가 되었으면 설명해준 친구의 카드에 도장을 찍어준다. 아무래도 게임에서 가장 중요한 것은 역시 보상이다. 친구들에게 가장 많은 도장을 받은 학생에겐 간식이 주어진다! 처음엔 서로 쭈뼛쭈뼛 하면서 바로 옆에 서 있어도 잘 들리지 않는 목소리로 자신의 종이에 적힌 속담을 알려준다. 다 비슷한 성향의 학생들이 만났으니 다 같이 움직여도 활발한 학생 한 명이 말하는 것보다 더 조용하다는 느낌을 받는다. 음 5분간의 게임은 별 소득 없이 끝나게 되고 어휘카드를 나눠주면서 두 번째 게임을 시작한다. 속담카드게임과 마찬가지로 총 10분간 본인이 가지고 있는 어휘카드를 상대 친구에게 설명하고 도장을 받으면 된다. 지금부터는 간식을 구체적으로 정해놓고 시작한다. 초콜릿이나 아이스크림 등 이때 한 명이라도 적극성을 띄는 학생이 나오면 분위기는 완전히 달라진다. '그런 학생이 한 명도 안 나오면 어떻게 돼요?' 라고 물어볼 수 있겠다. 게임 난이도가 자꾸 올라가면 된다. 시간이 길어질 뿐이지 반드시 게임 도중 한 명은 적극성을 띈 학생이 나오기 마련이다. 몇 년간 꾸준히 해본 결과다.

"자 이해됐으면 도장 찍어줘" 이렇게 초등학생이 꼭 알아 할 어휘를 가지고 게임을 진행한다. 말이 게임이지 토론에 임하기전 예습하는 수업인 셈이다.

이 수업의 장점은 시끄러운 상황에선 결국 목소리가 커질 수밖에 없기 때문에 수업의 난위도를 계속 높이면서 1시간정도 수업하다 보면 자신의 목소리가 어느 정도 커진 것도 인지하지 못한채 수업에 참여 한다는 거다.

이렇게 한 달 정도 수업을 진행하면 결국 목소리가 작아서 간식을 사와야 되는 벌칙을 피하기 위해서라도 목소리가 커질 수밖에 없다.

　수업에 참여한 학생들의 목소리가 어느 정도 달라졌다고 생각하면 그때부턴 간단한 스피치를 시킨다. 물론 스피치 수업을 하면 다시 원래대로 돌아가는 학생들도 있다. 하루아침 다 고칠 수는 없으니 당연하다. 이렇게 다시 주눅이 들고 불안해 하는 학생이 있을 때, 어휘력 게임이나 속담게임을 번갈아 가면서 스피치도 계속하면 조용한 상태에서도 자신의 목소리가 결코 적지 않고 또 어느 순간 자신감이 조금씩 커지는 것을 발견할 수 있다.

발표 공포증이 있어요

이 학생은 너무 내성적임 발표공포증이 있는 것으로 보임. 본인 스스로 부단한 노력이 요함.

이건 중학교 생활기록부에 적힌 나에 대한 담임 선생님의 평가다. 발표 공포증은 대부분 가지고 있는데 구지 학생 생활기록부에 이렇게까지 적을 필요가 있나? 생각할 수 있지만 나의 경우 정도가 너무 심했다. 초등학교 때부터 중학교 때 까지 한 번도 발표를 하지 못했다면 어느 정도인지 예상이 될 것이다. 하물며 국어 시간에 책 읽기도 안됐다. 조용한 교실에서 내 목소리만 들리는 것을 견딜 수가 없었다. 선생님들이 발표를 시키시면 너무 떨리고 힘들어서 아예 울어버린 적도 많았다. 상태가 이렇다보니 학교에선 이상한 아이로 소문이 났었다.

친구들 뿐 아니라 선생님들도 내 상태를 알곤 거의 발표를 시키지 않으셨다. 매번 서서 울기만 하는 학생을 억지로 발표를 시킬 이유가 없었기 때문이다. 중학교 3학년 때 나의 심각성을 자각하고 발표 공포증을 이기지 못하면 앞으로 난 아무것도 할 수가 없겠구나는 생각을 하게 되었다. 수업 시간마다 오늘은 꼭 발표를 해야지 다짐을 하지만 내가 가진 내성적인 성향이 그리 쉽게 바뀌지는 않았다. 매일 나 혼자 목표를 세워서 나를 바꿔보는 프로젝트를 실시했다. 수업시간에 선생님이 발표의사를 물어볼 때 정답을 알던 모르던 일단 손부터 들고 보자 한번이라도...

처음 시도는 중학교 3학년 국어시간이었는데 죽을힘을 다해 손을 들었다. 그런데 내 손은 내 귀 근처에 머물러있었다. 그게 내가 손을 들 수 있는 최상의 높이었다. 앞에서 선생님이 보시면 손을 들었는지 어쨌는지 확인조차 되지 않는 그래도 난 행복했다. 나 스스로와의 약속을 지켰으니까! 귀 까지 손을 들고나니 조금이 남아 자신감이 생겼다. 그래서 그 다음은 머리까지 손을 들어보자고 스스로에게 약속을 했다. 물론 그 약속도 지켰다. 스스로 얼마나 대견하던지 지금도 그때의 희열을 잊을 수 가 없다. 그렇게 조금씩 조금 씩 난이도를 올려 드디어 난 시켜도 우물쭈물 거리는 학생이 아니라 발표의사를 물었을 때 제일 먼저 손을 드는 학생으로 인식되어 있었다. 그때가 고등학교 2학년 때 였다.

지금 내가 수업하면서 학생들에게 학창시절 내 상태가 어땠는지를 알려주면 다 거짓말이라고 한다. 그러나 중학교 동기들에게 내 직업을 알려주면 그들 역시 거짓말이라고 한다. 본인들이 직접 확인하지 않은 이상 믿을 수가 없다는 것이다.

이런 얘기를 하는 이유는 나도 겪었었던 발표공포증, 일종의 주목공포증을 이겨내고 탈피하기까지 얼마나 많은 힘이 들고 고통스러운지 알고 있기에 그 친구들에게 도움이 되고 싶어서이다. 나처럼 발표 공포증이 있는 학생들이 생각보다 많다. 수업시간에 교탁 앞에 서는 일은 상상할 수도 없고 자기 자리에 서서 발표 하는 것도 떨려서 목소리가 안 나오거나 너무 떨려 몸이 굳어지는 느낌을 받는 친구들이 상담 요청하는 사례가 자꾸 늘어나고 있는 것만 봐도 알 수 있다.

“우리애가 수행평가를 너무 어려워해요 발표하는 시간이 많은가 봐
요”

“네 요즘 수행평가가 많이 바뀌었죠 그럴 수 있어요 발표하는 것도
결국 연습이 필요해요”

“타고난 성향을 완전히 바꿀 수는 없어요 그렇지만 노력해서 조금
은 변화할 수는 있어요”

“지금보다 조금만 더 좋아질 수 있다면 뭐라도 해야죠”

“어머니 제가 너무 내성적이어서 저 스스로 왕따를 자처했다면 믿
으시겠어요?”

“정말요”

“네 제 경험담이기도 하고 7년간 제가 수업하면서 내성적인 학생들
이 변화한 모습을 지켜본 결과 완전히 바뀌진 않더라도 충분히 변화할
수 있어요”

“저도 아직 발표에 대한 공포와 트라우마가 남아서 완전히 모르는
사람들만 있는 곳에 가면 발표하는 게 떨려요”

“진짜요 의외네요 선생님도 발표 때 떨리신다고 하니”

“발표하는 걸 타고나는 사람은 없어요 물론 개인 차이는 있지만 저
처럼 내성적인 성격도 충분히 바뀔 수 있다는 걸 알려드리고 싶어요”

“선생님 타고난 성격일수도 있지만 고칠 수는 있을까요?”

“당연하죠”

보통 학부모님은 가정에서 우리 애가 조금 조용한 건 알고 계시지만 학교생활은 어느 정도인지 잘 파악을 못하시는 경우가 많다. 학교 공개수업에 가 보면 우리 애의 수업 태도나 전체적인 분위기를 보시고 그 심각성을 알게 되는 것이다.

"선생님 제가 너무 속상해요 우리애가 곧잘 말도 잘하고 잘 웃고 하거든요 근데 공개수업 갔더니 얼굴이 굳어져서 한마디도 못하는 거예요 공개수업이라는 특수한 상황이긴 하지만 같은 반 친구들은 다들 즐겁게 수업하는 것 같은데 우리 애만 얼어 있는 거예요 제가 괜히 갔나 싶고 또 한편으로 이 일은 어쩌나싶기도 하고 담임 선생님은 제가 공개수업에 참석해서 그런지 우리 아이에게 발표를 시키시는데 애가 일어서서 바들바들 떠는 거예요 목소리도 거의 안 들리고 너무 힘들어하니 선생님도 그냥 앉으라고 하시더라고요 이거 심각한 거 맞죠?"

"아니에요 어머니 공개수업 땐 모두 다 긴장하고 떨어요 수업하시는 담임 선생님들도 떨어요 그래서 공개수업은 학생도 힘들지만 선생님들도 힘들어 하세요"

"어머니가 우리 애만 자꾸 보니 그렇게 느껴지시는 거지 다른 학부모님 얘기를 들어보면 다들 비슷한 생각을 하실 거예요 그런데 어머니 자녀가 혹시나 발표공포증이 있다고 느껴지시면 더 늦기 전에 고치는 게 좋긴 하죠"

"우리도 그렇지만 나이 들어서 습관을 고치는 게 쉽지가 않잖아요"

또 한 사례를 보자 30대 후반의 남성이 전화를 주셨다. 보통 어머님들이 상담 전화를 주시는 게 100%라면 아버지는 전화는 처음이라 좀 의아했다.

"네 토론 학원입니다."

"제가 스피치가 너무 안돼서 그런데 한번만 제 실력 좀 봐 주실 수 있나요?"

"아버님 왜 스피치를 하려고 하시는데요?"

"회사에서 팀장을 맡고 있는데 한 달에 한번씩 PPT 발표가 있어요 그런데 제가 매번 발표 시 질의·응답 시간이 너무 힘든 거예요 이번에도 질의·응답 때 제대로 못하면 진짜 상사에게 한소리 들을 것 같고 또 제 자신이 가지고 있는 문제점을 고쳐야겠다는 생각이 들기도 하구요"

"네 그럼 회사 발표에 쓰이는 PPT를 저에게 좀 보내 주실 수 있어요?"

그렇게 30대 팀장님과 약속을 하고 메일로 온 PPT를 확인해보니 음.. 쪼금 심각한 수준이었다. 한 눈에 봐서 중요한 사항을 알기가 어려웠고 각 도표 별 하고자하는 핵심이 어떤 것인지 구분하기가 쉽지 않았다. 피드백 할 사항을 미리 다 점검하고 팀장님을 기다리고 있었다.

주말 고등부 수업을 마치고 나니 팀장님이 약속대로 학원을 방문하셨다. 그런데 내가 놀란 것은 가족을 다 데리고 오신 것이다. 아니 이럴 수가 꼭 혼자 방문하시라고 얘기 하진 않았지만 좀 당황스러운 건 사실이었다. 회사에서 어려운 점을 솔직히 말씀해주시고 도움을 청하시는 모습이 인상적이어서 따로 비용은 받지 않고 피드백을 해드린다고 했더니 가족들이 어떻게 수업을 하는지 궁금하기도 하고 또 아빠의 발표 모습을 보고 싶기도 해서 다 같이 방문하게 됐다고 했다.

회사에서 하는 거와 똑같은 상황이라 생각하시고 발표할 것을 주문 드렸고 PPT 업무 보고서 발표가 시작됐다. 처음부터 긴장한 눈빛과 불안한 시선처리가 눈에 띄었고 발표 시작과 동시에 발표를 잘못하니 이해해달라는 멘트를 강조하시는 것으로 자신감이 없다는 것을 자꾸 어필하셨다. 제가 초보이니 질문을 하지 말아줬으면 하는 의미로 들렸다. 처음 듣는 내용이지만 전체적인 문제점을 알 수 있었고 인터넷으로 찾아서 오실 정도면 마음에 준비를 했다고 예상하고 우리 학생들에게 하는 것과 똑같이 피드백을 할 테니 혹시나 상처가 될 것 같거나 피드백 받을 자신이 없으면 가셔도 좋다고 알려드렸다.

얼마든지 독한 소리를 하셔도 되고 이런 기회를 주셔서 감사하니 선생님 하시고 싶은 데로 하셔도 된다는 팀장님의 말씀을 듣고 피드백을 시작했다.

1. PPT가 너무 복잡하고 난해해서 구체적으로 어떤 점을 얘기하고자 하는지 알기가 힘듦.

2. 본인 스스로가 청중에게 자꾸 눈치를 보는 태도는 청중을 불안하게 만듦.

3. 전체적인 결론에 대한 얘기를 하실 때 구체적인 근거제시가 없어 모호한 느낌이 들었다는 점.

4. 발표 시간 내 너무 딱딱한 분위기가 연출되어 좀 지루한 느낌이 들었던 점.

5. 발표가 다 끝난 다음에도 역시나 원래 발표를 잘 못하니 이해해 달라며 신뢰성을 떨어뜨리고 자신 없는 모습을 자꾸 어필하는 점.

발성은 어떻게 해야 되고 어떤 제스처를 취하면 좋을지도 알려드렸다. 또 제일 문제점이 본인 스스로가 자신 없어하는 것으로 보인다고 처음부터 발표 잘하는 사람은 없고 다들 비슷한 실력일 것 같은데 자꾸 본인의 못함을 재차 강조하시니 정말 실력이 없어 보이고 신뢰성도 떨어져서 상사의 질의를 오히려 부추기는 결과를 낳을 수 도 있다는 점을 알려드렸다. 한참을 경청하시더니

"선생님 제가 지금은 잘 알겠는데 이번 한 번만 듣고 잘 할 수 있을까요?"

"아뇨 한 번 듣고는 안 되죠 단 내가 지금껏 왜 발표를 못했는지 문제점은 알 수 있을 겁니다."

내가 너무 심하게 피드백을 했나 싶었는데 같이 온 어머니가 남편 피드백을 계속 메모하다가 질문하나 해도 되냐고 물어 보시는 거다.

우리 남편이야 이왕 나이도 있고 이젠 할 수 없지만 우리 애들이 아빠를 닮아서 걱정이 많다고 하셨다.

평소 말이 논리적이지도 않고 발표공포증이 있어 그동안 걱정이 많았다고 하시며 초등학생 수업 시간을 문의하셨다. 남편에게 피드백을 하는걸 보고 애들도 꼭 시켜야겠다는 생각이 들었다는 것이다. 같이 온 자녀들을 보니 초등학교 저 학년 친구들이었다.

"어머니 자녀 나이가 어떻게 되요"

"초등학교 3학년, 초등학교 5학년요 우리 애들이 이 상태로 성인이 될까 제일 걱정 이예요"

"애들이 같이 오는 걸 싫다는데 구지 남편이 데려 왔어요 수업하는 거 보고 우리 애들도 고칠 수 있으면 수업을 받고 싶어서요"

이렇게 시작된 상담으로 이 학생의(초등학교 5학년) 토론 수업은 시작됐다. 처음 한 달은 교탁 앞에 서는 연습을 시켰을 때 3초도 견디기 힘들어했다. 가만히 서있다 아무 말도 못하고 자기 자리로 돌아올 때도 많았고 한숨을 크게 내쉬며 힘들어하는 모습도 보였다. 하지만 3개월 후 부터는 일단 교탁 앞에 나가는 것을 자연스럽게 생각했다. 수업자체가 늘 발표하는 것이 주류를 이루다 보니 이젠 자기 옷처럼 수업을 편하게 느끼는 것 같았다. 아직 발표 공포증을 완전히 이겨내지는 못했지만 처음보다는 말도 많아지고 떨거나 쑥스러워 하는 모습은 이젠 거의 극복이 된 상태이다. 아직 말 자체가 논리적으로 바뀐 건 아니지만, 어머니는 교탁 앞에서 발표하는 모습의 동영상만으로도 너무 흐뭇해하셨다.

발표 공포증에는 여러 가지 이유가 있겠지만 제일 큰 이유는

첫째 나 스스로가 발표를 못한다고 인정하기 때문이다.
둘째 발표 시 나를 보는 청중이 많을수록 불안해진다
셋째 발표 후 결과를 생각하면 불안해지기 때문이다. 이런 여러 가지 이유로 발표 공포증이 쉽게 없어지지 않는 것이다.

초등학생들의 발표 공포증을 없애기 위해 제일 많이 하는 수업은 10초 스피치, 20초 스피치 1분 스피치 수업이다. 키워드 하나를 임의로 주어진 후 짧은 시간에 키워드에 관한 스피치를 자주 시키는 것이다.

〈공부〉

"전 세상에서 공부가 제일 싫습니다. 왜냐하면 공부만하면 머리가 아프기 때문입니다 전 공부에 재능이 전혀 없는 것 같습니다"

이 정도만 해도 10초는 흘러간다 각자 다른 친구의 스피치에 경청하고 발표 후 박수를 치게 하면 잘하던 못하던 일단 발표 후 박수를 받은 학생은 당연히 자신감이 생기게 마련이다. 차츰 스피치 시간을 늘리면 어느 순간 1분 스피치도 가능한 자신을 발견 하게 된다.

"우리애가 잘 하네요 엄마야 신기해요"
"어머니 저도 신경 쓰겠지만 어머니도 계속 칭찬 많이 해 주세요"
"네 당연하죠"

노력은 절대 결과를 배신하지 않는다.

책을 안 읽어요

수능 개편안이 발표되면서 이제 점점 독서가 중요하게 되었다. 대부분의 과목이 절대평가로 바뀌고 나면 독서량이 매우 중요한 부분을 차지 할 것이라는 기사는 요 며칠 계속 화두가 되고 있다. 외국의 경우 지하철을 타면 대부분의 사람들이 책을 읽고 있는 모습을 볼 수 있는데 우리나라 지하철을 타면 거의 모든 사람들이 핸드폰을 보고 있다고 한다. 우리는 독서의 중요성 어제 오늘 말한 것이 아니다. 실천에 옮기기가 힘든 것임을 알기 때문에 학생들의 독서가 중요한 비중을 차지하더라도 쉽게 책을 많이 읽어라는 얘기를 하기 힘들다. 생기부에서 중요한 부분을 차지한다고 하니 고등학생이 되기 전에 미리 독서 습관을 들이고 싶어 하시는 학부모가 많지만 자녀들의 습관을 하루 아침에 고치기는 힘든 일이다.

우선 우리나라 성인들의 연간 독서량이 일 년에 9.2명이라고 하는 통계를 보더라도 학생들만 힘든 게 아니라 성인들도 독서를 습관화하는 것이 힘든 일임을 알 수 있다. 학생들이 제일 힘들어하는 것은 책을 읽고 소감을 말하거나 독후감을 쓰는 확인 작업이 너무 싫은 것이다. 독서토론은 이런 점에서 매우 유용하게 쓰인다. 후기를 말하는 게 아니라 내가 주인공이 되어 책에서 일어난 사건을 객관적인 시선으로 볼 수도 있고 또 내가 작가가 되어 책 내용을 바꿀 수 도 있기 때문이다.

초등 고학년 중 독서가 생활화되어 책을 구매하는 것이 행복한 친구들도 간혹 있지만 다른 건 몰라도 독서만은 정말 하 기 싫다는 학생들이 있다. 부모님이 시키기 때문에 하는 것이지 독서가 좋아서 하는 학생은 드물다고 보면 된다. 이런 학생들과 독서토론수업을 진행하다 보면 책에 관한 관심을 가질 수 있는 기회가 되고 또 정독 하며 책과 친해지는 계기가 되기도 한다.

일주일에 3~4권의 책을 읽는 것이 중요한 것이 아니라 한 권을 읽더라도 정독을 하는 것이 정말 중요하다. 그런데 여기서 문제는 한권이라도 제대로 읽는 학생이 없다는 것이다. 분명히 읽기는 했는데 설명을 못하는 경우가 많다. 독후감을 쓰라는 것도 아닌데 말이다.

독서토론을 위해 책을 선정하고 수업시간에 책에 관한 느낌을 얘기

해보라고 하면

물론 아직은 독서토론이 초보수준이고 정독이라는 개념자체가 잘
이해가 안 되어 발생한 일이지만 얼마나 대충 책을 읽는지 알 수 있었
다. 막연히 책 몇 권을 읽는 게 중요한 게 아닌데 학생들은 난 일주일
에 몇 권 한 달이면 총 몇 권의 책을 읽는 책 권수에만 꽂혀 있는 것 같
아보였다.

초등학교 5학년 독서토론수업을 하는 모습이다 독서토론 책 제목
은 'One(일)' 이다.
미국에서 그림책, 아동도서에 주는 상을 15개나 받은 책이다. 파란

색 원으로 된 책 제목이 굉장히 특이하다. One(일) 그림 책 내용을 간단히 정리하면 파랑 : 조용한 아이 노랑 : 명랑한 아이 초록 : 똑똑한 아이 자주 : 늠름한 아이 주황 : 활발한 아이 빨강 : 자기주장이 강한 아이.

파랑이가 빨강이에게 일방적으로 놀림을 당하는 얘기다. 주변의 다른 색도 빨강이의 독단적인 행동을 제제하거나 무시할 수 없었다. 그렇지만 숫자 1이 나타나 자신의 의견을 당당히 밝힘으로써 다른 색들도 숫자 1처럼 자신의 의견을 밝히게 됐다는 그림책이다. 단순한 그림책으만 알았는데 너무 많은 내용을 담고 있어 놀랐다. 왕따 문제를 해결하는 방법에서 아이에게 NO라고 말할 수 있는 용기를 알게 해준 책이다.

‘One(일)’ 은 얇은 그림책으로 그림이 책의 반을 차지해서 수업하는 초등학생 모두가 다 읽어왔다. 집에서 읽어오지 않아도 수업전 10분이면 읽을 수 있기 때문에 별 불만 없이 다 숙제를 한 셈이다. 부모님들은 권장도서를 좀 읽게 하면 좋겠다는 의견도 주시지만 독서가 취미가 아닌 학생들에게 갑자기 권장도서를 읽게 한다는 것은 독서에 거부감을 줄 수도 있기 때문에 읽기 쉬운 그림책부터 시작한다.

막연히 발표를 하라고 하면 자칫 지루한 수업이 될 수 있으므로 간단한 그림으로 나타내던지 아님 마인드맵으로 등장인물을 소개해도 된다고 알려준다. 한명 당 하나의 전지와 크레파스를 나눠주며 발표준비를 위한 도구임을 알려주면 다시 초등 저학년이 된 기분으로 발표준비를 열심히 한다. 발표 후 잘하고 못하고를 떠나서 모두 열심히 준비한 친구들에게 다 같이 박수를 보낼 것도 사전에 약속하면 더 좋다. 꼭 발표를 잘해야 하는 부담감이 없어지므로...

"자 각자 책에서 나오는 등장인물에 관해서 설명하는 시간을 가져 보자"
"선생님 등장인물이 기억이 안나는데 책을 보면서 해도 되요?"
"네 당연히 됩니다"
"설명할 때 자신의 생각을 곁들려서 설명해 주시면 더 좋구요"
"네~"

졸라맨 부터 공주 그림까지 이상한 주인공을 그리고 얼굴은 까만색을 칠해서 서로 잘 그렸니 못 그렸니 험담도 해가며 발표 준비를 마쳤다. 발표의 부담감을 줄이기 위해 무조건 박수를 칠 것을 요구하고 좋은 발표시는 감탄사도 해달라 요청했더니 한마디만 해도 너무 과장된 감탄사가 곳곳에서 나오기 시작했다.

"오~~ 대박~~~ 대단한데~~~"
"아니 난발하지 말고 정말 수긍이 될 때 하라고"
"오~~~~"

　한번 장난을 치기 시작하면 수업 마칠 때 까지 계속 이어짐으로 그냥 포기하는 게 빠르다.
　등장인물을 본인의 시선에서 발표하는 시간을 마치면 내가 주인공이면 어떻게 했을지를 각자 적어서 다른 친구들과 얘기를 나눠보는 시간을 가진다.

"파랑이는 왜 빨강이에게 괴롭힘을 당하면서도 가만히 있었을까요?"
"내가 파랑이와 빨강이 주변의 색중 하나였다면 파랑이를 괴롭히는 빨강이를 말렸을 거예요"
"숫자 1은 막강한 힘을 가진 빨강이가 무섭지도 않았을까요?"

　캐드린 오토시의 'One(일)' 그림책 내용을 간단히 설명하면 색깔과 숫자만을 사용하여 집단 따돌림에 맞서는 용기의 중요성을 다룬 독창적인 그림책이다. 숫자 1의 용기가 얼마나 큰 변화를 가져 올 수 있는지를 알게 해준다. 이 책은 특이하게 집단 따돌림을 색깔과 숫자를 사용해 나타내고 있다. 숫자 1을 통해 아이들은 한 사람의 용기가 얼마나 중요한지 알게 되고 숫자1의 용기로 인해 어떤 변화를 가져올 수 있는지 알게 해주는 책이다. 학생들에게 왕따의 심각성에 대해서 설명해주고 각자 내가 만약 주인공 빨강이라면? 주제로 발표하고 서로 다른 의견을 나눈 것과 책의 등장인물 분석한 것을 토대로 글쓰기를 해보기로 한다. 일종의 후기인 셈이다. 이렇게 첫 독서토론수업을 마치고 나면 다른 책을 읽어 오는 것도 흥미를 가지게 되고 다른 건 몰라도 등장인물의 특징과 내가 주인공이라면 내가 작가라면? 부분에선 적극적으로 참여하는 모습을 볼 수 있다.

그림책을 시작으로 서서히 그림이 없는 책으로 바뀌면서 수업의 난이도를 바꾸면 된다. 단 여기서 주의할 점은 선생님의 혼자 생각으로 책을 선정하기 보단 학생들의 의견도 참고해야 된다는 사실이다. 일방적으로 알려주는 책을 읽기보단 자신들이 일고 싶은 책을 읽을 때 더 책 읽는 동기 부여할 수 있기 때문이다. 이렇게 학생들의 의견을 참고해서 책이 정해지면 책에 관한 거부감도 없어지고 혼자서 책을 읽을 땐 별 감흥이 없었던 반면 자신의 의견을 제시하고 책 내용을 가지고 친구들과 토론하면서 독서에 대한 흥미가 생기기 시작하고 매번 시간이 지날수록 재미있는 수업으로 인식할 수 있다. 처음부터 부모님이 원하는 수준의 책은 아니었지만 독서를 힘들어하지 않고 스스로 책을 읽기 시작한 것이 더 중요한 변화라고 생각한다.

성격이 바뀌었어요

하루에 긴 문장하나를 듣기가 힘들다는 학부
모가 계셨다. 어찌나 단답형으로만 대답을 하던지 답답해서 죽을 지경
이라고 하셨다. 초등학교 4학년인데 벌써 사춘기가 온 것인지 두 번
묻는 것도 싫어하고 자꾸 질문 하는 것도 너무 싫어해서 벌써부터 자
녀의 눈치가 보인다고 했다. 내가 아들을 키울 때는 고등학생이 되야
사춘기라고 했는데 요즘은 초등학교 고학년이면 다 사춘기가 온다고
한다. 진짜 빨라졌다. 이렇게 사춘기가 일찍 오면 부모님들이 정말 힘
들겠다는 생각이 든다. 순하기만 했던 아들이 점점 반항적으로 변하는
것 같고 말을 잘 안하니 혹시나 학교에서 무슨 일이 있었나 걱정도 되
고 한번 혼을 내면 자신의 화가 풀릴 때까지 말을 안 하는 아들 문제를
가지고 상담요청을 해오셨다.

"어머니 토론수업을 하고 싶은 가장 근본적인 이유가 뭐예요?"

"자신의 의견을 논리적으로 말하는 걸 훈련시키고 싶어서요"

"평소에 대화가 거의 없다고 하시면서 아들이 논리적이지 않다는 생각은 어떻게 하셨어요?"

"자신이 좋아하는 게임 이야기는 그만 하라고 할 때 까지 하거든요 전 관심도 없는데 그 때보면 말에 두서가 없어요 앞뒤 설명도 없고 아무튼 30분정도 듣고 있으면 도대체 얘가 말하려는 것이 뭔지 이해가 안 될 때가 많거든요"

"네 그러시군요"

"초등학교 4학년이 논리적으로 말하는 학생은 원래 드물어요 너무 걱정하시지 않아도 되요 우리 애만 그런 것이 아니거든요"

"그런가요 우리아들 반에 반장 애는 너무 말을 잘 하던데요"

"네 물론 드물게 말을 논리적으로 잘하는 학생도 있어요 간혹 그렇

평소 활발한 성격도 아니고 그렇다고 리더쉽이 있는 것도 아니고 책을 많이 읽는 것도 아닌데 사춘기가 오니 성격이 더 심각해진 것 같다며 고민을 토로 하셨다. 그러고 보면 난 참 우리 아들에게 무심했다는 생각이 든다. 자기 방문을 매번 걸어 잠글 때 마다 참 나 무슨 비밀이 많아서 문까지 잠그냐 그렇게 생각했지 다르게 느끼지는 않았던 것 같다. 아무튼 이 학부모님과 상담 후 샘플 수업을 한번 경험해보고 자녀가 수업에 관심이 있으면 그때 다시 구체적인 상담을 하자고 말씀드렸다.

기존에 초등부 4학년 수업에 같이 합류해서 수업을 시작했다. 새로운 친구가 왔으니 당연히 자기소개를 해야겠지만 모든 것이 낯선 곳에서 자기소개를 하는 것이 쉽지는 않을 것이다. 그래서 학생들이 좋아하는 인터뷰 게임으로 수업을 시작했다. 나를 소개하는 것이 아니라 상대방 친구를 소개하는 시간이라서 본인 소개보다는 좀 더 쉽게 수업에 참여할 수 있어서 모두들 좋아하는 수업이기도 하다. 왜 토론학원을 오게 됐는지, 요즘 제일 고민이 뭔지, 여자 친구는 있는지 있으면 어떤 성격을 가졌는지? 참 요즘 애들은 초등학교 4학년만 되도 이성 친구 여부가 궁금한 것 같다.

옆에서 보기엔 초등학생이 무슨 이성 친구 모두 다 같은 친구지 싶지만 자기들은 심각하게 대답하고 질문한다. 이것도 세대차이인가 싶기도 하고.....

인터뷰 시간이 지나고 서로 상대방의 인터뷰한 내용을 발표하면서 느낌점도 같이 발표하는데 이때 솔직하게 얘기하는 친구도 있지만 상대 친구가 상처받을까 봐 장점만 얘기하는 친구들도 있다. 이렇게 첫 수업을 하고 나면 주입식 수업이 아니라서 좋았고 수업시간에 조용히 있는 게 오히려 야단을 맞는 게 이상하게 느껴져서 적응이 안됐지만 수업 내용은 재미있어서 계속 다니고 싶다고 했다.

같은 주제로 수업하면서 친구들이 하는 질문에 단답형으로 대답하거나 모릅니다. 로 짧게 대답하는 시간이 한 달 정도 지나고 자신이 토론 수업하는 반에서 뒤처진다고 생각을 했는지 아님 자존심이 상했는지 수업 준비를 해오기 시작했다. 토론 수업 준비라 함은 입론서 작성을 위한 자료 준비를 들 수 있다. 수업 준비를 해온 날은 확실히 수업에 참여하는 태도가 바뀐 것을 알 수 있었다.

친구들에게 먼저 다가가서 토론 주제에 관해 의논하기도 하고 친구들 의견을 들으면서 반박이나 자기 의견을 내 놓기도 했다. 서서히 적극적인 성격으로 변해 가는 걸 느낄 수 있었다. 수업 준비를 많이 해서 토론이 재미있어지면 스스로 토론 주제를 제시하기도 하고 새로운 지식을 알게 될 때마다 한 번도 경험하지 못했던 희열을 느낀다며 좋아했다.

초등학생의 특징은 본인이 새로운 것을 알고 있다고 생각되면 친구에게 자랑하고 싶은 마음이 생긴다. 토론 수업 후 반 친구나 다른 학원 친구들에게 자신이 토론했던 주제에 관한 질문도 하고 모르는 친구가 있음 알려주기도 하면서 자신이 다른 친구들보다 다양한 지식을 가진 것에 자랑스러워한다.

"선생님 제가요 우리 반에서 지식이 제일 많아요 애들이요 너무 아는 게 없어요"
"그래 너 기분 좋았겠네"
"네 당연하죠"
"그래서 친구들에게 같이 토론하자고 하면 애들이 싫데요"
"왜?"
"토론 수업은 너무 어렵다고요 그리고 평소 아는 게 없어서 본인들 사회 시간이나 국어시간에 자신이 알고 있는 분야를 공부하게 되면 친구들에게 더 많은 정보를 알려주고 싶은 마음이 생긴다고 한다. 그래서 선생님이 시키지 않아도 자신이 먼저 손을 들어 발표를 하게 된다고 자랑 했다.

이 친구는 5학년 때 반장을 한 번하고 6학년 땐 학생회장을 나가 볼 생각이라고 했다. 어떻게 그런 생각을 하게 됐는지 물어보니 타인들 앞에서 말하는 게 두렵지도 않고 또 수업에 적극적으로 참여하다 보니 자신감도 많이 생겼다고 한다. 모든 학생들이 다 6개월만 수업한다고 해서 성격이 바뀌진 않는다. 그렇지만 평범한 초등학생들을 수업해보면 5~6개월이면 자존감이 상당히 많이 올라간 것을 확인할 수 있다. 자존감이 올라가면 스스로를 믿게 되고 그럼으로 인해 학교생활도 적극적으로 참여하게 된다. 그리고 어느 순간 자신의 성격이 조금씩 바뀐 것을 알게 된다.

글쓰기는 잘하는데
발표가 안돼요

"우리애가요 논술은 오래 다녀서 글쓰기는 잘하는데 발표가 영 안 되네요"

"어머니 발표가 안 된다는 게 학교에서 발표가 안 된다는 거예요?"

"네 학교에서도 담임 선생님이 웅변학원이나 스피치 학원을 권유하시구요"

"학원에서도 혼자서 하는 건 잘하는데 친구들과 같이 하는 건 왠지 어려워한다고 하시네요"

"그럼 제가 학생 상담 후 다시 미팅 하는 건 어때요?"

"만약에 수업을 받게 되면 얼마나 고칠 수 있는지 또 어느 정도 기간이 필요한지도 알려 주세요"

"네 알겠습니다"

이 학생의 경우 발표 공포증이 있는 것 같다. 근데 발표 공포증은 생각보다 많은 사람이 가지고 있다. 직업의 특성상 타인 앞에서 발표할 일이 없어 모를 뿐이지 실제론 스피치가 안 되는 사람, 논리적으로 말의 정리가 안 되는 사람, 타인 앞에 서는 것 자체에 어려움을 겪는 등 발표 공포증을 겪는 사람들이 많다. 발표 공포증을 가지고 있는 사람들의 대부분은 내성적인 성격인데 몇 가지 공통점이 있다.

1. 발표를 시도할 때 호흡관란을 느낀 적이 있다.
2. 나는 발표 전 부터 미리 발표를 잘 못할 것이라고 판단해버린다
3. 청중이 많을수록 불안감이 커진다
4. 발표를 시작 후에도 불안감을 느끼며 한다.
5. 전혀 모르는 타인 앞에서 발표할 일이 생기면 몸이 굳어버리는 느낌을 받는다.

상담을 신청한 학생은 내가 제시해준 5가지도 모두 해당하고 자신이 느끼는 몇 가지가 더 있다고 하면서 A4에 추가항목을 적어주기도 했다. 둘이 추가된 항목을 보며 대화를 나누기 시작했다.

"많이 힘들었겠네"
"뭐 힘들다고 느끼진 않았어요 발표 안하면 되니까, 그런데 제 자신

　학생이 서글서글하니 성격도 좋았다. 자기처럼 발표공포증을 호소
하는 친구들이 많냐고 물어보기도 하고 왠만하면 자신과 비슷한 친구
들과 같은 반에서 수업을 하고 싶다고 했다. 그래야 좀 덜 부끄럽고 위
로가 된다고 하면서..　다행이 수업을 안 하겠다는 소리는 없었다. 열
심히 할지는 모르겠는데 한번은 고쳐보고 싶다는 생각을 했다고 하면
서 결석도 안하겠다고 했다.　고맙다며 잘해보자고 약속했다.

　첫 수업 시간은 자기소개로 하는 게 제일 좋지만 발표 공포증이 있
는 학생들에겐 자기소개도 상당히 부담스러운 면이 있어 친구들 인터
뷰로 진행했다. 총 10개 항목의 인터뷰할 내용을 먼저 작성해서 상대
친구에게 질문하는 것이다. 내성적인 성격의 끝을 보여주는 친구들이
모인 반이라 8명이 수업을 같이 해도 웬만큼 목소리 큰 한명보다 교실
이 더 조용하다. 도저히 인터뷰가 안 될 것 같은 데 수업이 진행 되는

데 무리가 없었다. 신기했다. 바로 옆에 앉아 있어도 무슨 말을 하는지 난 들리지도 않던데 자기들끼리는 그래도 잘 알아듣고 대답도 곧잘 하는 것이다. 인터뷰를 하는 건지 속삭이는 건지 입모양만 바뀌지 소리는 거의 안 들리는데 가끔 웃는 학생들도 보이고 뭘 열심히 적기도 하고 이런 모습을 지켜보는 내가 더 의야 했다. 수업이 되긴 하는구나....

첫 한 달은 자기 자리에서 할 수 있는 수업으로 진행하였고 두 달째 부터는 본격적으로 스피치수업을 실시했다. 학생들이 한 달 수업 후 바로 스피치 수업이 가능 할까? 절대 가능하지 않다. 어떻게 한 달 만에 발표를 잘 할 수는 아이로 바뀌겠는가? 그렇지만 피하지만 말고 부딪혀야한다.

"제 이름은 박명수구요 휴 너무 떨리네요 ~~~"
"10초 수고 했어요"
"전 김보라 이구요 발표를 잘 하고 싶어요 잘 부탁드립니다"
"네 10초 잘 했어요"
"전 유재석인데 친구들과 같이 스피치 실력을 쌓고 싶어요"
"네 11초 고생 했어요"

나만 발표를 못하는 게 아니니 부끄러움이 훨씬 들 하다. 더구나 나보다 발표를 못하는 친구들도 보이니 이 또한 얼마나 마음이 놓이는 일인지 내가 통 못하는 건 아니었구나 싶어 이 반에서 만큼은 자신감을 갖게 된다. 이렇게 조금 씩 조금 씩 스피치 시간을 늘려가고 교탁 앞에 서는 것이 재미있는 시간이 될 수 있다는 인식을 심어주면 토론 수업에 적극적으로 참여하는 횟수가 늘어나게 된다.

이때 발표내용 보다는 발표를 하기 위해 용기를 낸 것에 대해 더 칭찬을 해줘야한다.

발표를 안하는 이유를 크게 두 가지로 보면

첫째
발표 공포증으로 두려움을 느낄 때

둘째
발표 경험이 좋은 않은 기억으로 남았을 때

3개월 정도 토론 수업이 진행된 후 발표하는 게 싫냐고 물어보니 지금은 발표가 재미있다고 얘기했다.

그러면서 자신이 발표하는 것을 싫어하게 된 이유는 학교 수업시간에 몇 번의 발표를 할 기회가 있었지만 매번 선생님께 선택되지 못해 그 후론 발표에 대한 흥미를 잃었다고 했다. 그렇게 발표를 안 하는 시간이 길어지다 보니 자연히 발표 공포증도 생기게 되고 발표에 대한 흥미도 잃어버리게 된 것이다. 서서히 발표하는 재미를 느끼게 해주며 자연스럽게 발표하는 습관을 들이다 보면 어느 순간 자신이 발표하는 것을 즐기게 됐다는 사실을 알게 된다.

이 친구는 다른 친구들보다 글을 잘 쓴 장점을 가졌기 때문에 토론 수업에서 기본이 되는 입론서 작성 시간에 다른 친구들의 부러움을 한 몸에 받았다. 평소 논술 학원을 꾸준히 다닌 탓에 다른 친구들 보다 월등히 글쓰기 실력이 좋았다. 같이 수업하는 친구들보다 자신의 뛰어난 점이 부각되자 점차 수업에 적극적으로 참여 하게 되고 입론서 작성을 힘들어 하는 친구들에게 멘토 역할도 해주며 자신의 실력을 제대로 발휘하게 됐다. 발표를 잘한다는 것은 그 만큼 노력이 필요하다는 뜻이다. 학생 개인에게만 맡기지 말고 가정, 학교에서도 함께 노력해야한다. 제일 중요한건 본인의 의지다 최소한 하고자하는 의지가 있을 때 그 효과는 배가 되는 것이다.

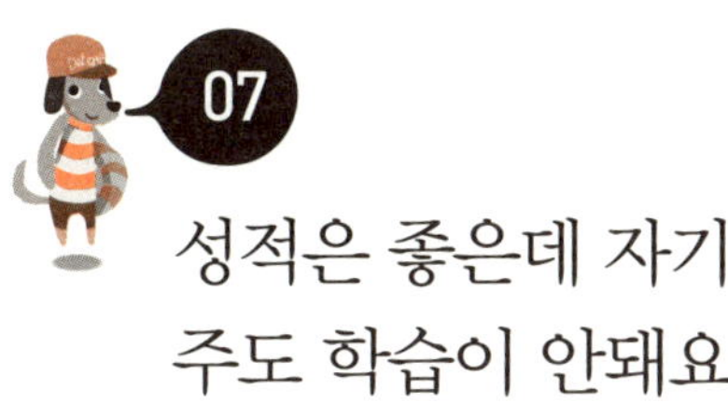

성적은 좋은데 자기 주도 학습이 안돼요

"선생님 우리 애가 학교성적이 상위권이라 별 걱정을 안했는데 학원에 의지하는 부분이 너무 많은 거예요"

"어머니 성적 잘 나오게 하려고 학원 보내시잖아요 성적 잘 나오면 결과가 좋은 거잖아요"

"아니죠 선생님 중, 고등학교에 가서도 학원을 너무 의지하게 되면 차후 대학 진학 때나 성인이 됐을 경우 본인 의지로 할 수 있는 게 없다고 생각해 보세요 큰일 이죠"

"네 그럼 큰일이 맞네요 학원을 의지하는 게 어느 정도나 되는 거예요?”

“학원을 못 가면 불안해해요”

“아니 뭐 큰일까지는 아니고 혹 공부 하는 걸 많이 좋아하나요?”

“뭐 공부에 취미가 있어서가 아니라 혼자서 하는 것에 대한 믿음이
부족하다고 해야 하나?”

“그럼 어머니가 제게 가장 궁금하신 점은 뭐예요?”

“아니 친구가 토론을 하면 자기주도 학습이 된다고 하더라구요”

“네 되죠 근데 시간을 투자를 많이 하셔야 해요 할 수 있겠어요”

“해야죠 우리애가 바뀐다면”

“그럼 하시죠”

자기주도 학습이란? 간단히 요약하면 공부하고자 하는 학생 스스

로가 본인의 공부계획을 세워 실천 후 평가하는 것이라고 생각한다. 그런데 요즘 초, 중, 고 학생 중에 학원 안 가는 학생은 거의 찾아보기가 힘들다. 시험기간이 다가오면 학원에 미리 시험문제 대비 예상문제도 알려주고 서험을 잘 칠 수 있도록 나름 스킬도 알려준다고 한다. 물론 시험 성적이 잘 나오면 기분도 좋고 학원 다닌 보람도 생긴다. 그런데 너무 학원에 의지하다 보면 스스로 공부하는 힘을 잃어버릴 수도 있다. 그럼 스스로 하는 공부는 어떻게 시작해야하나? 일단 자신이 흥미 있는 분야를 먼저 찾는 게 제일 중요하다고 생각한다. 상담을 오신 학부모의 경우도 아직은 초등학생이라 큰 문제는 아니겠지만 점차 혼자 공부 할 수 있도록 많은 경험을 쌓게 해주어야 한다.

평소 모르는 분야에 대한 견학, 실습도 하게 하고 또 자녀가 어떤 부분에 흥미가 있는지 부모가 찾아줘야 한다. 일단 자신이 흥미가 있는 분야를 알게 되면 그때부턴 시키지 않아도 스스로 하게 된다. 토론을 하면서 자기 주도 학습이 되는 이유는 여러 토론 주제로 수업하다 보면 자신이 유독 끌리는 주제를 만나는 기회를 얻을 수 가 있다. 그럼 다른 주제 보다 수업 준비를 열심히 하게 되고 한 번이라도 본인 스스로의 힘으로 처음부터 끝까지 수업준비를 했다면 그 성취감으로 다른 교과목 수업도 점차 스스로 할 수 있는 힘을 갖게 되는 것이다.

　그럼 왜 토론을 하면 자기주도 학습이 된다고 소개했을까? 엄격히 말하면 자기주도 학습보다는 자기 주도 학습을 하게 되는 영역이 생긴 다고 봐야 한다. 그럼 토론에서 말하는 자기주도 학습이란 어떤 것일 까? 토론의 기본이 되는 리서치 실력 즉 정확한 주제파악, 논의배경 다양한 관점에서 토론 주제를 접해봄으로써 나무보다는 숲을 보는 훈 련을 할 수 있게 된다. 즉 생각의 폭이 넓어진다.

　왜 그럴까? 어떻게 이렇게 될 수 있지? 하는 의문을 가지게 되고 스스로 답을 찾아가는 과정 속에서 자기 주도적으로 변해가는 것이다.

　3~4학년으로 이루어진 초등 저학년 초보반 토론 수업시간을 잠시 보자.

　'토론 주제 가정에서 TV를 없애야 한다.'

〈찬성〉

1. TV는 가족 간의 대화가 줄어듭니다.

2. TV에서 나오는 전자파는 인체에 좋지 않은 영향을 끼칩니다.

3. TV를 장시간 시청하게 되면 시력에도 악영향을 미칩니다.

〈반대〉

1. 텔레비전을 통해 정보를 빠른 시간 안에 얻을 수 있습니다.

2. TV는 중독성이 심합니다.

3. 교육프로그램을 활용하면 공부에 도움이 됩니다.

"가족 간의 대화가 줄어든다는 주장을 하셨는데 꼭 TV를 보지 않아도 요즘은 가족 간의 대화가 그리 많지 않습니다. 굳이 가족 간의 대화 부재를 TV 때문이라고 단정 짓기는 어렵지 않습니까?"

"TV를 보면서 대화하는 가족은 거의 없습니다. 왜냐하면 모두 TV에 집중하기 때문입니다."

"우리 집은 TV를 보면서도 대화를 잘 하는데요"

"저희는 대부분의 가정을 예시로 든 것이니 어느 한 가정을 두고 한 얘기는.."

"TV를 보면 오히려 대화할 거리가 더 많아집니다."

"왜 TV를 가족 간에 단절을 의미한다고 보는 것인지 이해가 안 됩니다"

이처럼 그냥 스치고 지나갈 수 있는 사안도 토론을 해봄으로써 입체적으로 생각하는 힘을 기르게 된다.

TV가 가정에 끼치는 영향은 무엇이며, 장점, 단점은 무엇인지? 문제를 보며 답을 찾기 바쁜 게 아니라 왜 이문제가 나오게 된 건지 그럼 이 문제가 나온 배경은 무엇인지를 찾아보게 되는 것이다.

우리나라에서 본격적인 공부는 당연히 고등학생 때라고 보면 된다. 초등학교 6학년 때부터 중학교 3때까지 토론 수업을 받은 친구가 있는데 고등학생이 된 후 디베이트가 고등학생들의 공부에 어떤 영향을 끼치는지 궁금했다. 중학생 제자에게선 분명히 토론 수업이 성적향상에 도움이 된다는 대답을 들을 수 있었는데 고등학생이 되도 역시나 같은 결과가 나올 수 있을지 궁금했다.

"명수야 초등학교 6학년때 부터 중학교 3학년때 까지 토론 수업한 게 고등학생이 된 후 공부하는데 어떤 영향을 끼치니?"

"많은 영향을 미치죠 당연히 초등학생 땐 그냥 발표를 잘하고 싶어서 토론 수업을 다녔지만 지금 생각하면 다른 어떤 것 보다 탁월한 선택이었다고 생각해요"

"어떤 점이 그렇게 느끼니?"

"토론을 하다보면 정해진 시간에 상대방의 의견을 경청하지 않으면 질문이나 반박을 할 수가 없잖아요 그래서 일단 제일 먼저 집중력이 좋아져요 그리고 국어나 영어 시험시 독해능력도 향상 되요 상대방을 말을 경청하는 것이 습관이 되면 지문을 읽고 해석하는 것은 자연스럽게 향상 되구요 특히 국어 이해력이 빨라져요 그리고 고등학교 영어지문이 시사 상식이나 경제 내용이 많아요 그래서 토론했던 친구들이 아무래도 도움을 많이 받죠 평소 시사상식을 토론하면서 얻은 지식이 있으니 지문 해석이 그만큼 쉽게 느껴지더라고요 이런 부분들이 계속 훈련되어 있다보니 차후 성적향상으로 이어지더라고요 그리고 마지막으로 수업시간에 질문하는 게 어렵지 않아요 수업 중 모르는 부분이 나오면 제가 정확히 이해가 될 때까지 질문하게 되더라구요 아마 교차질의를 하면서 습관이 돼서 그런가 봐요"

"그렇구나"

막연히 이론적으로 고등학생이 되면 그 효과를 발휘한다고 알고 있었지만 실제 제자에게 설명을 듣고 나니 고등학생들의 공부에 어떤 영향을 끼치는지 구체적으로 알게 되었다. 자신이 잘하는 분야나 관심

있는 분야를 알게 되면 자연히 질문이 많아진다. 여기서 질문을 많이
하는 것은 그만큼 상대방의 말에 경청을 한다는 뜻이기도 하다. 질문
을 많이 하는 아이가 결국 자기 주도 학습도 잘 하고 있다는 증거다

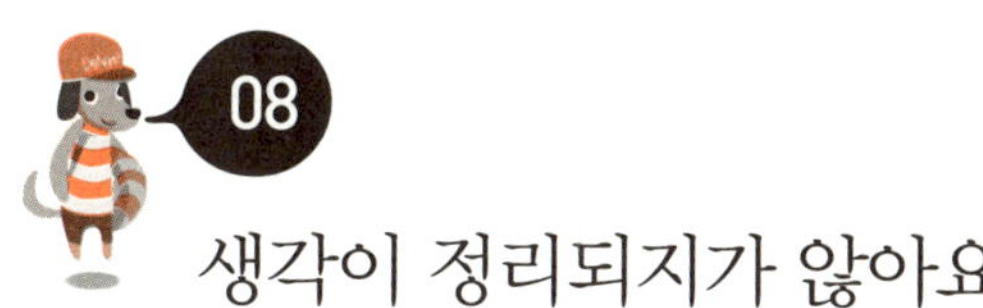

생각이 정리되지가 않아요

자신의 생각을 표현할 줄 아는 것이 21세기 리더의 덕목이라고 한다. 우리아이가 리더 까지는 아니지만 논리적으로 말만 잘 하면 좋겠다는 부모님이 많다. 블로그를 보고 상담 신청한 초등학교 3학년 학부모의 고민이다.

"학교에서 돌아오면 친구들과 있었던 일을 말하긴 하는데 도저히 무슨 말을 하고자 했는지 핵심이 없어요 아이도 말을 하다 내가 무슨 말을 하려고 했지 잊어버리는 경우도 많구요"

"초등학교 3학년이면 10살이네요 10살에 논리적으로 말하는 아이가 몇 명이나 될까요?"

"어머니들의 욕심이죠 성인들도 논리적으로 말하는 사람이 많지 않은데 하물며 초등학교 저학년에게 논리적인 걸 바라시는 건 어머니 욕심인 것 같아요"

"그렇지만 연습하면 좋아질 수는 있어요"

상담을 하다보면 어머님들의 특징이 단시간에 빨리 결과를 보고 싶어 하시는 거다 영어, 수학은 초등학교 때부터 고등학교 졸업 할 때까지 공부 하는 걸 당연하게 생각하면서 자녀의 성격변화, 말하는 방법을 수정하는 점에서는 무쩍 조급함을 보이신다. 공부는 장기간 시간투자 해야 한다고 생각하시면서 다른 부분은 투자해야 되는 시간을 아깝다고 생각하시는 경향이 있으신 것 같다.

어떤 것이든 단기간에 되는 건 없다. 하물며 성격을 바꾸거나 발표력, 논리적인 말 습관은 평소의 자신의 습관을 바꿔야 함으로 그 만큼의 시간투자가 필요하다.

"어머니 기간이 얼마나 걸리느냐는 학생마다 달라요 왜냐하면 그 학생이 가진 성향, 가정환경, 친구 관계에 따라서 달라질 수 있구요 또 본인의 의지력에 따라서 달라지기고 하구요"

"네 제가 선생님이 연습으로 가능할 수 있다고 하니 갑자기 욕심이
생겨서요"

"네 그러시죠 학생만 포기하지 않으면 분명히 바꿀 수 있어요 이론
이 아니라 제가 가르친 제자들 중 이런 고민으로 토론을 시작해서 변
화한 친구들이 많아서 확실히 대답을 드릴 수 있어요"

"단지 어머니가 처음 마음처럼 논리적으로 바뀌면 정말 좋겠다는
초심을 잃지 마셨으면 해요"

"네 당연 하죠 우리애가 바뀔 수 있다는 확신만 들면 얼마든지 기다
리죠"

"자녀를 믿고 기다려 주시면 어느 순간 바뀐 우리 애의 모습을 볼
수 있어요 대신 어머니도 저하고 같이 자녀에게 신경을 써 주셔야 해
요 어떤 주제로 토론할 때 제일 좋은지 토론 주제에 따라 새롭게 알게
된 것은 어떤 것이 있는지 이때 자녀가 앞뒤 안 맞는 소리를 해도 대견
하다고 칭찬해주셔야 돼요"

"자신감도 주시구요"

상담 할 때의 처음 마음처럼 계속가면 정말 좋겠는데 상담 할 때는 철썩 같이 약속해놓고 지키시는 어머니는 거의 없다. 3개월 정도 지나면 우리애가 말하는 건 똑같은 것 같은데 얼마나 더 기다려야하나 조급해 지기고 하시고 포기 할까는 마음이 생기기도 하시나 보다. 학생들 개인마다 변화되는 시가가 다르다고 아무리 설명해줘도 조급함을 이기지 못하시는 어머니는 몇 개월 안가서 포기하시기도 하고 그 남아 어머니나 자녀의 성격이 느긋한 경우 시간 투자한 만큼 자녀의 변화를 느낄 수가 있다.

하고 싶은 말은 많은데 논리적이지 않다는 건 머릿속에 생각이 정리되지 않았기 때문이다. 이런 경우 생각 정리할 시간을 줘야한다. 왜 그럴까? 난 이 말을 왜 할려고 할까? 스스로에게 질문하며 말 할 내용이 정리가 되면 급하게 하지 말고 천천히 머릿속에 정리된 말을 잘 하고 있는지 생각해가며 말을 하는 것이다. 그런 생각을 정리하는 연습을 잘 하기 위해 질문은 어떻게 해야 할까?

단답형 대답이 나오는 질문은 피해야한다. 단답형 대답은 딱히 생각할 필요가 없기 때문이다.

초등학생의 경우 본인이 관심 있는 거 외에 말을 길게 하는 것을 좋
아하지 않는다. 귀찮다고 생각하기 때문이다. 물론 그중엔 여학생처럼
어머니와 조근 조근 말을 잘하는 남학생도 있고 여학생임에도 불고 남
학생 못지않은 터프함으로 무장된 친구들도 있을 것이다. 개인의 차이
긴 하지만 보통 초등학교 3학년이면 학교 다녀와서 학원가거나 놀기
바빠서 부모님에게 학교에서 있었던 얘길 잘 안한다. 말을 해봐야 말
하는 본인도 두서가 없고 듣는 사람도 핵심이 없는 얘길 듣고 있자면
답답하기 때문이다.

말을 효과적으로 잘하기 위해선 질문 연습이 제일 효과적이다. 질
문을 잘하기 위해선 어떤 훈련이 필요할까? 선생님 놀이가 필요하다.
자녀에게 좋아하는 과목을 지정해서 학교에서 선생님이 한 것처럼 부

모에게 수업을 하게 하는 것이다. 처음부터 시간을 길게 할 필요도 없다. 길게 할 만큼 설명을 잘하는 실력이 되는 학생도 없을 것이다. 선생님놀이는 시간이 중요한 게 아니라 일단 학생이 한번이라도 해보는 시도가 중요한 것이다. 본인이 배워온 수업내용을 설명하는 것을 짧게 하더라도 자주 꾸준히 하다보면 수업내용을 설명 하면서 본인 스스로가 생각이 정리되는 효과도 나타나고 또 당연히 복습도 같이 된다. 단 주의 할 점은 자녀가 설명을 잘 하던 못하던 듣는 부모님의 반응을 보여줘야 한다는 것이다. 감탄사는 기본, 박수도 아끼지 말아야한다. 그리고 자녀가 설명을 다 마치고 나면 2~3가지 정도 간단한 질문을 던지는 거다. 이런 시간이 반복되면 스스로 어떻게 설명해야 상대방이 이해하기 쉬운지 알 수 있게 되고 설명하는 본인도 짧은 시간에 간단하게 핵심만 정리하는 실력을 갖추게 되는 것이다.

평소 EBS 다큐를 즐겨보는 나는 몇 년 전 왜 우리는 대학을 가는가? 편을 두 번이나 챙겨봤다.

그 중에서도 말문을 터라 편을 보면 메타인지에 관한 얘기가 나온다. 우리가 일반적으로 하는 생각을 인지라고 하면 이 인지를 바라보는 눈을 메타인지라고 한다. 이 메타인지를 상승시키는 방법이 바로 설명하기라고 다큐에선 말하고 있다. 내가 수업하고 있는 선생님 놀이가 바로 메타인지를 상승시키는 방법으로 제일 좋은 것이다.

메타인지를 높이기 위한 방법 5가지

1. 일방적으로 듣기만 하는 수업   5%

2. 본인 스스로가 책을 읽을ㄹ때   10%

3. 시청각 수업 시   20%

4. 집단 토의, 토론 시   50%

5. 본인이 수업한 내용 다른 사람에게 설명해보기   90%

수업을 마치고나면 반드시 초등학생들에게 빼먹지 않고 시키는 것이 있다. 바로 오늘 배운 것을 친구들 앞에서 설명해보기로 하는 것이다. 대신 학생이 부담스럽지 않게 시간은 3분정도 이 수업이 익숙해지면 설명하는 시간을 차츰 늘리면 된다. 5분, 7분 처음엔 3분도 채 못 채우는 경우가 허다하지만 3개월이 지나면 시간을 정확히 맞추는 아이부터 시간이 부족한 아이까지 설명하는 것 자체를 또 하나의 게임처럼 생각하고 다들 즐거워하게 된다. 설명하는 시간에는 반드시 설명하는 학생을 선생님이라 호칭해야 됨을 미리 알려준다.

선생님 한번 말 할 때 잘 듣고 질문하라고 하질 않나 선생님 수업 때는 잡담 하지 말고 경청하라고 하질 않나 이렇게 자신이 수업을 진행하다 보면 생각의 정리되는 시간도 짧아진다. 이처럼 자녀가 바뀌고 나면 오히려 모든 일을 너무 설명하려고 들어서 어머니들이 귀찮게 생각하시기도 한다. 자녀가 선생님놀이를 꾸준히 하기 만 하면 논리적인 말솜씨는 분명히 효과는 가져온다.

외고, 특목고 준비를 위해 토론수업을 하고 싶어요

최근 바뀐 교육과정으로 자사고, 외고가 사라질 수도 있다는 불안감이 있지만 아직은 외고, 자사고에 수업을 선행하시는 부모님들이 상당한 것을 알 수 있다. 우리가 기존에 선행 이라고 하면 영어, 수학을 제일 먼저 생각하기 쉬운데 요즘은 수업하는 방식자체도 선행을 하려는 학부모님이 많다. 외고, 자사고의 수업방식이 모둠별 토론식 수업이다 보니 기존학교에선 잘 접해볼 수 없었던 수업 방식이라서 더 관심이 많으신 것 같다. 물론 중학교 1학년이 되면 학기 자유학기제로 인해 모둠별 토론수업을 학교생활 내에서 진행하고 있지만 자유학기제가 끝나고 나면 모둠별 수업보다는 듣는 수업으로 바뀌는 경우가 많아서 꾸준하게 이어지진 않는다고 보면 된다. 학부모 입장에선 토론 수업도 국, 영, 수와 같이 선행 과목으로 인식되고 있는 것이다.

　보통 초등학교 때부터 토론 수업을 문의하시는 부모님은 크게 두 분류로 나뉠 수 있다. 정말 내 아이가 내성적이거나, 발표력이 부족해서 문의를 주시는 경우, 아님 발표력, 논리력은 문제가 없는데 토론 수업을 접해볼 기회가 없어서 체계적으로 수업을 받고 싶은 경우 그런데 후자의 경우 우리 애는 다 잘하는데 토론까지 잘하고 싶다는 마음으로 보내시기 때문에 자녀에 대해서 아무 문제가 없다고 생각하시는 경우가 많다. 과연 그럴까? 요즘 특목고, 자사고에서 인성면접시간이 늘어나는 건 다 이유가 있을 것이다. 더구나 특목고 같은 경우 100%가 기숙사 생활인데 룸메이트와 성격이 안 맞거나 서로 마음이 안 맞아 기숙사 생활이 어려운 경우 일반고로 전학을 가는 사례도 종종 볼 수 있다.

　특목고 특성상 상위 1%만 모였기 때문에 성적이야 뭐 두말할 필요 없이 다들 공부 잘하는 학생들만 모이지만 문제는 이런 학생들의 특징은 이기적인 아이가 많다는 것이다. 학교나 가정에서 귀하게 대접받고 자신도 학교성적이나 다른 면에서 부족함 없이 지냈기 때문에 배려심이 많이 부족하다. 한 예를 보자 초등학교 6학년으로 외고를 준비하는 학생이 부모님과 방문한 적이 있었다.

보통 토론을 잘하기까지 어느 정도 시간 투자를 해야 하느냐고 하셔서 적어도 1년 정도는 수업해야 어디 가서 토론했다고 말할 수 있고 또 1년이라는 시간을 공부해야 토론을 잘할 수 있음을 알려주었다. 이 학부모에겐 1년이라는 시간이 평범한 초등학생들의 평균치라고 생각하셨나 보다. 자신의 자녀는 수준이 다르다고 호감을 사시면서 그럼 우리 애는 6개월이면 되겠네요?

우리 애가 수업시간에 토론을 곧잘 해서 선생님에게 칭찬도 많이 받고 평소에 책도 많이 읽는 편이라 6개월 정도만 하면 토론하는 데 아무 무리가 없다는 것이다. 이런 사례를 얘기하면 어쩌다 간혹 한 명 있을까 말까 한 사례라고 생각하기 쉽지만 절대 그렇지 않다. 요즘은 한 자녀 가정이 많으므로 우리 아이에 대한 자부심이랄까? 아니면 기대효과라고 할까? 상상을 초월하는 학부모가 많이 계신다.

내가 수업해보니 우리가 흔히 말하는 상위 1% 학생들중 배려심이 없다. 무조건 내가 먼저이고 구지 상대를 배려해야 할 필요를 못 느낀다. 어떤 초등학생은 아이 같지가 않고 어른 같은 말투와 행동을 하기도 한다. 철이 일찍 들었다는 게 아니라 아이 같은 순수함이 없다는 뜻이다. 본인의 의견을 밝히는데 서슴지 않고 좋고 싫음이 분명 하다는 거다. 물론 물에 술탄 듯 술에 물탄 듯 자신의 의견이 불명확한 아이보다 어찌 보면 더 좋을 수도 있다. 그렇지만 자신이 의견을 무조건 거르

지 않고 다 밝히다 보면 결국 자신의 옆에는 아무도 없을 가능성이 커
진다. 서로 조금씩 배려하면서 조화를 이루는 게 단체생활의 기본 이
라고 생각한다.

"어머니 토론수업은 다양한 지식과 말을 잘하는 게 중요한 게 아니
구요 타인에 대한 배려가 제일 우선시 돼야 해요"

"네 우리 애는 친구들과 사이도 좋고 선생님이 신경 쓰실 일이 전혀
없을 거예요"

"어머니가 가정에서 보시는 것과 제가 토론수업하면서 볼 수 있는
부분이 다를 수 있으니 수업하면서 혹 상의 드릴일이 있으면 연락드릴
게요"

"되도록이면 같은 수준의 학생들과 수업을 했으면 좋겠어요"

"어머니 토론수업은 초보는 반드시 초보반 에서만 수업이 가능해요
왜냐하면 심화반은 초보 학생이 적응하기가 힘들어요"

"아 네~"

이렇게 학부모의 기대를 안고 수업을 시작한 학생들은 수업 첫 시간부터 같은 학년임에도 불구하고 자신의 토론 실력이 친구들보다 뒤처지는 것을 용납하질 못한다. 다른 친구들은 2개월 전, 3개월 전에 수업을 시작한 터라 당연히 처음 온 친구보다는 실력이 좋을 텐데 다른 친구들이 수업을 그 만큼 빨리 시작한 것은 안중에도 없고 자신이 수업에서 제일 초보인 것만 중요하고 자존심이 상한다는 소리를 많이 한다. 그리고 제일 중요한 배려가 전혀 없는 경우가 많다. 토론은 보통 3~4명의 학생이 한 팀로 운영 된다. 토론 수업은 내가 아무리 자료 조사를 잘해오고 말을 잘한다고 해도 우리 팀 전체가 골고루 잘하지 못하면 절대 수업에서 우위를 차지 할 수가 없다. 구지 수업 후 승패를 가리지 않더라도 학생들 자신들이 더 잘 안다. 토론 배틀을 마치고 나면 우리 팀이 좀 부족했다거나 우리 팀의 단합이 안 되어 상대팀이 우세했다는 것을...

공부를 잘하거나 책을 많이 읽은 학생은 토론수업을 진행해보면 토론실력이 빨리 향상되는 건 사실이다. 책도 다른 친구들보다 많이 읽었기 때문에 이해력도 빠르고 공부를 잘한다는 것은 그만큼 자기 관리도 잘하는 것이니 승부욕도 강하다고 보면 된다. 그런데 배려심이 연습으론 해결되긴 힘든 친구들이 있다는 느낌을 자주 받는다. 아무리 수업을 진행해도 결코 자신만의 고집이나 생각을 꺾지 않는 학생들을 종종 볼 수 있다. 그러면 친구들과 융합이 안 되어 수업자체가 힘들어 지는 것이다. 타인의 의견도 귀담아 들을 줄 알고 또 친구들의 의견을 경청할 줄도 알아야 비로써 소통하는 아이가 되는 것이다. 자사고, 특목고의 교육목표가 공부만 잘하는 아이는 절대 아닐 것이다.

특목고에서 기숙사 생활 자체를 힘들어하는 건 실력이 비슷한 아이들 끼리 서로 절대 양보하지 않는 것에서 출발한다고 보면 된다. 그래서 단체생활시 서로에 대한 배려, 소통이 더 중요해지는 것이다. 그래서 평소 내 아이의 이해심이나 배려심이 어느 정도 되는지 먼저 파악하고 수업에 참여하면 더 좋은 결과를 낼 수가 있다.

"어머니 영수가요 토론 수업 때 자신이 공부해온 부분을 친구들과 공유하지 않고 혼자서 독단적인 질문을 많이 해서 같이 수업하는 친구들이 좀 당황스러워하는 경우가 많아요"

"우리애가 그만큼 시간투자를 해서 공부해간걸 다른 친구와 공유해야하나요?"

"어머니 영수 혼자만 공부해오는 것이 아니라 다른 친들도 다 공부해오는데 단 같은 팀이 되면 서로 공부해온 것은 공유해서 우리 팀의 의견을 하나로 모으는 작업이 중요하거든요"

"매번 우리 애가 자료조사를 제일 많아 해간다고 속상해 하더라구
요."

1:1토론이 아닌 이상 팀원들과의 소통이 절대적으로 필요한 게 토
론 수업임을 다시 학부모에게 알려준다.

"어머니 혼자만 알고 있는 자료를 가지고 수업에 참여하면 같이 수
업하는 친구들이 팀을 이뤄서 수업을 할 필요가 없잖아요"

"그럼 영수에게 얘기해 볼게요"

"저도 몇 번 얘기했지만 영수의 의견을 물어보는 게 아니라 꼭 그렇
게 해야 돼요"

"네 일단 알겠어요"

"선생님 1년이면 되죠"
"네 짧게 봐서 1년입니다"
"저희는 딱 1년만 할거예요"
"네 그러세요"

이런 상담을 한지 1년이 지난 후

처음엔 자신이 어느 정도인지 잘 모른다. 수업을 받는 시간이 길어
지다 보면 초보자들에서 보이는 공통적인 큰 소리로 말하기, 친구의
말 도중에 끊기, 질문해놓고 답변하면 안 듣기, 자신의 의견만 고집하
기 등 이 보이기 시작하는 것이다. 공부를 잘하는 것은 참 부러운 재능
이다. 더구나 한국 사회에선 더욱더 그렇지만 그보다 먼저 인성이 우
선되어야 하지 않을까? 토론을 막연히 말만 잘하게 하는 수업이라는
인식이 특목고 학생들을 위한 선행수업으로만 비치지 않았으면 한다.

수업시간에 질문하지 않아요

10년 전 교육청 소속의 진로커리어코치를 하면서 경상남도 중학교에 진로수업을 다녔다, 한반에 3시간씩 진로수업을 진행했었다. 본인이 좋아하는 것 찾기를 시작으로 커리어넷으로 직업의 종류 , 자신이 원하는 직업에 대한 준비방법, 마지막으로 가고 싶은 대학, 전공학과를 알아보고 막연하게 남아 나의 진로에 대해서 계획을 세워보는 시간으로 수업을 진행했었는데 그때 절실히 느낀 점이 있었다. 진로 특강을 다니면 한 시간정도의 수업으로 학생들을 잘 알 수 없었는데 진로 수업을 진행하다보니 특강처럼 일방적으로 듣기만 하는 수업형태가 아닌 본인들이 직접 참여하는 수업으로 진행되다보니 적극적으로 수업에 참여하는 학생, 즉 손을 들어 발표하거나 질문하는 학생은 늘 정해져있다. 나머지 학생들은 대부분 방관자처럼 자리만 지키는 학생들로 나뉘어져 있는 것이다.

진로수업도 중요하지만 수업시간에 반응이 없다는 것이 궁금한 것이 없어서 그런 것인지 수업에 관심이 아예 없어서 그런 것인지 수업시간에 한번도 반응을 하지 않는 아이들을 보면서 스스로 질문하게 하는 방법은 없을까? 수업시간에 한번 도 질문을 하지 않는 학생? 과연 무엇이 문제일까? 생각해보니

질문을 안 하는 학생은 크게 3가지로 나눌 수 있다.

첫째 : 교과목의 기초가 잡혀있지 않아 선생님의 수업과정을 못 따라 갈 때.
둘째 : 학원에서 다 배웠기 때문에 수업이 시시하게 느껴질 때.
셋째 : 질문할 용기가 나지 않아서.

목소리가 너무 작아서 옆에서 말을 해도 거의 들이지 않는 학생이 부모님과 찾아왔다.
초등학교 5학년인 남학생이었는데 엄마 말에 무조건 고개만 끄덕이고 자신의 의사를 전혀 표현하지 않는 것이다. 원래 집에서도 말수가 없냐고 물어보니 그렇지는 않다는 것이 엄마의 대답이다. 학교에서

너무 말수가 없기도 하지만 그로인해 수업시간에 전혀 참여가 안 되는 것 같아 걱정이 많다고 하셨다.

담임 선생님이 보시기에 무기력해 보인다고 하셨다. 평소 생활할 때 모습은 어떠냐고 물어보니 뭐 평범하다고 하신다. 앞서 나열한 질문을 한하는 학생 3가지 중 기초가 없어서 수업진도를 따라가지 못하면 질문을 전혀 안 하게 된다. 혹 학교 성적은 어떠냐고 여쭤보니 괜찮다고 걱정할 수준은 아니라고 하신다. 성적도 괜찮고 집에서도 별 문제가 없고 일단 수업을 진행해보고 차후 다시 의논드리기로 말씀드렸다.

이처럼 수업시간에 질문을 거의 하지 않거나 수업 참여도가 낮은 학생들은 자신감이 없거나 궁금한 게 전혀 없어서 질문을 안 하는 경우도 있다. 초등학생 저학년이나 고학년이나 구분 없이 평소 질문이 없거나 말수가 적은 학생들과 수업을 진행 해보면 한 달 정도는 거의 수화로 수업을 하는 느낌이다. 눈빛이나 손동작으로 대답하고 두 시간 내 침묵의 시간으로 수업이 진행된다.

첫 수업은 카드놀이로 시작 본인의 일과를 소개 시키고 따로 또 같이 세 명이서 각 한 단어씩 얘기하고 상대 친구들은 알아맞히기 수업을 진행하다 보면 조금씩 웃기도 하고 반응을 보이기도 한다. 그리고 매번 수업을 시작 할 때마다 서로에게 한주 동안 어떻게 지냈는지 새롭게 경험한 것은 없는지 한 친구에게 3가지 이상 질문을 하게 한다. 질문을 많이 한 친구에겐 간식도 챙겨준다. 막연히 질문을 하라고 하면 막상 어떤 질문을 해야 될지 몰라서 망부석처럼 서 있기만 하기 때문에 처음엔 질문 내용조차 정해주는 것이 좋다.

이처럼 수업 자체를 게임식으로 재미있게 진행하다 보면 차츰 말문이 트고 말문이 트이면 사소한 것이라도 질문을 하기 시작한다. 물론 질문이 질적으로 좋거나 우수한 것은 아니지만 질문을 하기 위해 시도한다는 자체가 더 중요하다. 평소에 질문을 하지 않는 학생들에게 갑자기 책을 많이 읽게 한다고 해서 질문할 만큼 궁금 해지는 게 결코 많아지는 건 아니기 때문이다. 이처럼 질문하는 아이로 변화시키기 위해선 평소 우리 아이가 관심 있는 게 뭔지 잘 파악하는 게 제일 중요하다. 초등학교 저학년일수록 본인이 관심 있어 하는 분야는 누가 시키지 않아도 말을 많이 하고 또 질문도 많이 하기 때문이다. 처음 시도가 어려운 것이지 질문도 연습을 하다보면 자연히 실력도 향상된다.

디베이트를 3개월 시작한 초등부 학생들과 1년쯤 된 초등부 학생들과 창의력향상을 위한 수업을 진행 한적이 있다. 상대방을 서로 인터뷰하고 상대의 지금 가장 큰 고민은 무엇인지? 또 어떻게 문제해결이 가능한지를 팀 토론을 통해서 찾아가는 수업이었다. 토론을 3개월 한 팀은 거의 질문이나 팀 회의가 진행되질 않았다. 도대체 뭘 질문해야 되고 질문 후 해결책은 어떻게 찾아야 하는지 갈피를 못 잡고 있었다. 스스로 질문한 게 아니라 내가 정해준 질문만 했기 때문이다.

질문하는 것에 대한 두려움은 없지만 흥미가 없거나 스스로 찾아서 질문 한 적이 없기 때문에 질문하는 힘이 부족한 것이다. 그런데 1년 토론 수업한 팀은 상대적으로 너무 질문이 많은 것이다. 정해진 시간 에 인터뷰를 해야 함을 알려줬는데도 인터뷰 시간이 지나도 끊임없이 서로 질문을 하고 있는 것이다. 질문하는 연습을 얼마나 했느냐에 따 라 확연히 수업 분위기가 달라짐을 알 수 있었다.

EBS 다큐 왜 우리는 대학을 가는가? 말문을 터라 편을 보면 미국 대통령 오바마가 서울에서 열린 G20정상회의 폐막식에서 우리나라 기자들에게 우선적으로 질문권을 주겠다고 말하며 질문을 유도하는 동영상이 나온다.

"질문 있습니까?" 그렇지만 이 말은 들은 한국 기자들은 아무도 질 문하지 않는다. 오바마는 통역을 써도 좋으니 질문을 하라고 다시 얘 기하지만 결국 아무도 질문하지 않는다. 오바나는 애써 웃음을 보였지 만 결국 첫 질문은 중국 기자에게 돌아가고 말았다. 이 영상을 보고 있

는 우리나라 기자들의 반응을 보자

그리고 오바마에게 질문하지 않았던 것은 질문에 익숙한 기자들이 표현을 못해서가 아니라 질문할 내용이 없었기 때문이라는 증언도 나왔다고 했다. 한국 기자들은 대부분 오바마 대통령의 말을 빨리 받아 적어서 기사로 내 보낼 생각을 하고 있었지 연설 내용에 의문을 품지 않았다는 것이다.

내용에 의문을 품지 않으니 궁금한 것도 없었다는 것이다. 질문으로 시작해 질문으로 끝나는 직업을 가진 기자라는 사람들의 현 주소다. 질문하라, 질문하라고 학생들에겐 말하지만 실제 수업시간에 질문이 많은 학생은 왕따로 인식되기도 한다.

우리 초등학교 5학년 초보반 친구중 책을 정말 많이 읽는 친구가 있다. 어머니가 영어 선생님이이신데 평소 독서에 대한 철학이 있으셔서 다른 건 몰라도 독서만큼은 정말 신경을 많이 쓰셨다고 한다. 결국 독서도 습관이다 보니 초등학교 저 학년 때부터 독서관이나 서점에서 아이들과 놀고 선물로 꼭 책을 사줬다고 하신다. 이 학생의 경우 다른 친구들보다 독서량이 많다보니 초등학생 치고는 지식자체가 굉장히 방대한 편이다. 그래서 학교 수업시간에 본인이 알고 있는 부분이 나오거나 본인이 알고 있는 사실과 다른 부분이 나오면 반드시 선생님께 질문을 한다고 한다. 그럼 친구들이나 선생님의 반응이 냉담하다고 한다. 너무 잘 난체를 한다는 것이다. 그리고 질문이 너무 많다는 것이다. 이처럼 학생들에게 질문을 하라곤 하지만 막상 질문을 하면 다른 친구에게 방해가 되거나 전체적인 흐름에 역행한다는 인식을 심어주는 이상 질문하기가 쉽지 않을 것이다.

가정이나 학교에서도 마찬가지로 질문하는 분위기를 만들어 주는 것이 무엇보다 필요하다

수업을 마치고나면 반드시 학생들에게
빼먹지 않고 시키는 것이 있다.
바로 오늘 배운 것을 친구들 앞에서 설명해보기로 하는 것이다.
대신 학생이 부담스럽지 않게 시간은 3분정도
이 수업이 익숙해지면
설명하는 시간을 차츰 늘리면 된다.

Chapter 06

학년별 수업 방식

첫 독서토론 수업이 진행되면 학생들 개개인의
책 수준도 알 겸 본인이 읽은 책을 소개하는 시간을 갖는다.
구지 교탁 앞에서 발표를 하지 않더라고 각자 자신이 앉은 자리에서
본인이 읽은 책 중에서 제일 인상 깊었던 책이나
친구에게 소개 시켜주고 싶은 책을 발표해 보기로 한다.
이때 한 사람이 너무 많은 시간을 사용하지 않을 수 있게
5분 정도로 시간을 정해준다.

1, 2학년 수업

초등학생 1~2학년을 대상으로 처음 토론수업을 계획하면서 과연 수업이 가능할까? 걱정이 많았다.

왜냐하면 초등 1~2학년이 수업에 집중할 수 있는 시간은 총 40분 중 채 20분이 안 되는 것 같다.

초등 저학년 토론 수업은 한번 수업 시 90분으로 진행된다.

첫 수업 시 빨리 친해지는 것이 제일 관건이므로 간단한 게임으로 서먹한 분위기를 어느 정도 없애고 난 후 본격적인 수업이 진행되었다. 흔히 자기소개를 하라고 하면 쑥스럽기도 하고 이름만 말하고 자리로 돌아가는 경우가 많기 때문에 옆 친구 인터뷰하는 시간을 가졌다. 총 10개 이상 질문으로 인터뷰를 해야 함을 알려주었고 다행히 본인 얘기가 아닌 타인을 인터뷰 하는 건 재미있어했다.

초등저학년 인터뷰 질문을 보면

1. 당신의 취미는 무엇입니까?
2. 당신은 어떤 색을 좋아하나요?
3. 제일 좋아하는 과목은 무엇인가요?
4. 당신은 잘생겼다고 생각합니까?
5. 친한 친구는 몇 명이나 되나요?

대충 이런 식의 질문을 10~11개 정도로 인터뷰를 한다. 그러다 보니 질문 내용의 거의 중복된 것이 많고 답변도 대부분 거의 비슷하다. 친구의 인터뷰를 발표하는 시간은 자신의 얘기가 아니라서 그런지 훨씬 편하게 발표를 잘 하는 것 같다. 이렇게 인터뷰 시간을 보내고 나면 친구를 인터뷰하면서 느낀 소감을 간단히 발표 하게한다. 1분 스피치인 샘이다. 친구와 취미가 같아서 갑자기 친한 느낌이 들었다는 의견부터 내가 너무 싫어하는 과목을 친구가 제일 좋은 과목으로 뽑아서 너무 신기했다는 의견, 친한 친구가 1명이라는 말에 좀 안쓰러워서 내가 친한 친구가 되어야겠다는 의견까지 간단하지만 자신의 생각을 털어놓는 시간을 가지고 나면 수업하는 친구들 사이가 한결 편해지고 친해진 것을 느낄 수 있다. 초등 저학년의 특성상 본인이 좋아하는 주제가 나오면 꼬리에 꼬리를 물고 말하기 때문에 다른 친구들이 발표할 땐 반드시 경청해야 된다는 약속을 미리 꼭 받아야 한다.

토론 시간이라고 하지만 초등 저학년과 시사이슈로 토론을 진행하는 것은 무리다. 그리고 막상 토론을 시작 하려고 하면 긴장해서 화장실을 가는 경우가 많았다. 한명이 가면 나머지 친구들도 다 화장실을 가기 시작했다. 귀여운 마음에 지켜보지만 결국 수업에 집중하기 어려워지는 문제가 발생하기도 한다. 그러므로 초등학교 저학년은 수업 전 반드시 화장실을 꼭 다녀올 것을 알려주고 어느 수업이나 마찬가지겠지만 특히 토론 수업은 수업 도중에 자꾸 자리를 비우면 상대방의 질문이나 의견을 놓치기 때문에 수업 진행이 어렵다는 것을 알려 줘야한다.

1~2학년 수업을 진행하다보면 한해 한해가 다른 것을 알 수 있다. 6년 전 처음 초등 2학년 수업을 할 때다. 같이 수업하는 친구가 간단한 질문을 했는데 상대방 친구가 대답을 못하자 가방을 챙겨서 집에 가는 일이 발생했다. 대답을 못한 친구가 무안하기도 하고 순간 자존심이 너무 상했나보다. 수업을 진행하는 나로서는 당황스럽기도 하고 어이가 없기도 했다. 그렇지만 초등 저학년들의 특성이라고 생각하고

집으로 가는 친구를 불러 세워 달래주며 잘 할 수 있다고 칭찬해서 다시 수업에 참여시킨 기억이 있다. 그런데 요즘 1~2학년은 많이 다른 것을 알 수 있었다. 수업도중 교실을 이탈하는 학생도 없고 긴장하긴 하지만 그렇다고 단체로 화장실을 가는 경우도 없다. 같은 또래라도 많이 성숙해진 것인지 아님 수준이 높아진 건지 알 수는 없지만 처음 토론 수업을 진행 할 때 보단 확실히 수업하는 부담이 덜 한건 확실하다.

저학년의 특성상 90분 수업을 처음부터 끝까지 갈 수는 없고 수업 중간에 한번 씩 쉬는 시간을 줘야 한다. 안 그래도 긴 시간 집중이 어려운데 90분을 한꺼번에 수업을 진행하면 오히려 수업 참여를 꺼려하는 부작용이 생길 수 있기 때문이다.

초등 저학년은 책으로 수업을 진행한다. 초등학생은 책을 많이 읽어야 할 시기이기 때문에 책을 읽고 책 내용으로 토론 수업을 진행 하면 학생들도 본인들이 아는 내용으로 수업이 진행됨으로 성취감이 생겨서 수업 참여도가 더 높아진다. 물론 수업에 참여한 학생들이 책을 다 읽어오지는 않는다. 특히 남학생이 책을 읽는 확률이 더 높다. 책 읽기가 숙제로 나가면 토론 수업이 하기가 싫어지는 것이다. 그렇다고 매번 수업시간마다 책을 안 읽어오면 수업 진행이 어려워지므로 수업 진행 후 3~4개월 동안 숙제를 따로 내주지 않고 대부분 학생들은 알고 있는 고전이나 수업 전 친구들과 같이 간단히 읽을 수 있는 내용이 짧은 책으로 수업을 진행한다.

첫 독서토론 수업이 진행되면 학생들 개개인의 책 수준도 알 겸 본인이 읽은 책을 소개하는 시간을 갖는다. 구지 교탁 앞에서 발표를 하지 않더라고 각자 자신이 앉은 자리에서 본인이 읽은 책 중에서 제일 인상 깊었던 책이나 아님 친구에게 소개 시켜주고 싶은 책을 발표해 보기로 한다. 이때 한 사람이 너무 많은 시간을 사용하지 않을 수 있게 발표 시간을 5분 정도로 정해준다. 그런데 3분도 못 채우는 경우가 더 많다. 말이 앞뒤가 안 맞는 경우도 허다하고 시간을 정해줘도 자신이 정말 재미있게 본 책은 발표 시간 약속에 상관없이 길게 얘기하고 싶어 한다. 이런 학생의 경우 발표를 다 마치면 다른 친구들을 위해 약속한 시간은 지켜줄 것을 다시 한 번 더 알려준다.

90분 수업을 40분씩 나눠서 하는데 앞 시간에 본인들이 읽은 책 소개를 했다면 다음 시간은 학생들 스스로 같이 토론해보고 싶은 책을 정하도록 한다. 물론 친구들이 다 알고 있는 책 이어야한다. 그래야 다 같이 수업이 가능하기 때문이다. 우린 첫 독서토론으로 '장발장' 으로 정했다. 다행히 수업에 참석한 학생들 모두 알고 있었고 책 내용도 좋

아서 독서토론으로 진행하기엔 손색이 없었다. 흔히 독서토론이라고
하면 무조건 책만 읽으면 수업이 가능하다고 생각하는데 책을 읽을 때
도 주인공이나 사건, 주변 인물의 연결고리까지 다 생각해야 된다. 초
등 저학년들에겐 책 한권을 다 읽는 것만 해도 대견한 일이라서 조급
하게 생각하지 않고 학생들 수준에 수업 속도를 맞춰야한다.

책 내용에 들어가기 앞서 책 표지를 보고 떠오르는 생각을 말해 보
기로 한다. "

"책 표지가 너무 무서워요"
"십자가가 있어 용서를 구하는 것 같아요"
"사람 얼굴이 안 보여서 무서워요"
"표지 색이 어두워서 내용이 재미없을 것 같아요"
"교회 안인 것 같아요"
"너무 불쌍해 보여요"
"누군가에게 잘못을 빌고 있는 것 같아요"
"행복한 내용 같지는 않아요"

흔히 책을 읽어오라고 하면 책 내용만 중요하다고 생각하는데 책
표지도 내용 못지않게 중요하다. 책 표지는 책의 모든 내용이 함축되

어 있고 목차는 글쓴이가 어떤 내용으로 글을 쓸 것인가에 순서라고 알려주기 때문에 책 내용도 중요하지만 표지나 목차가 가지는 중요성도 함께 알려주는 것이 좋다. 저학년 친구들과 책 표지에 관해서 얘기하면서 앞으로 어떤 책을 읽더라도 책 표지와 목차의 꼭 읽어야함을 알려주었다.

"자 장발장 모두 다 기억나시죠?"

"네 빵 훔쳐 먹다가 벌 받은 사람이잖아요"

"맞아요 똑똑 하네"

"장발장을 읽으면서 어떤 생각을 하게 됐어요?"

"나쁜 짓을 하면 안 된다고 생각 했어요"

"빵 주인이 그냥 빵 하나만 줬어도 훔치진 않았을 거예요"

"전 주인에게 한번 사정해보고 그래도 안 되면 경찰서에 가서 사정 애길 했으면 빵을 공짜로 먹었을 수도 있을 텐데 생각 했어요"

"또 다른 의견 있어요?"

"길거리에서 지나가는 사람들에게 도움을 청해도 사람들이 도와 줬을 거예요"

"빵 주인이 장발장의 사정을 먼저 들어보고 경찰에 신고만 안 해도 그렇게 오래 감옥에서 살지 않았을 텐데 불쌍해요"

"그럼 우리 모두 장발장이 살아있다고 생각하고 질문 5개 정도만

해볼까?"

"네"

학생들이 장발장에게 보내는 질문이다.

"경찰에게 잡혀갈 때 무섭지 않았어요?"

"빵을 훔치기 전 주인에게 먼저 사정을 해지 그랬어요?"

"얼마나 굶었어요?"

"감옥에서 무섭지 않았어요?"

"엄마 생각은 안 났어요?"

"탈출할 때 어떤 마음이었어요?"

그럼 내가 만약에 장발장이라면 어떻게 했을까?

"전 아무리 굶어도 남의 것을 훔치진 않았을 거예요"

"전 빵집 아저씨에게 한번 쯤 물어보거나 사정을 해 봤을 것 같아
요"

"경찰관에게 끌려갈 때 한번만 용서를 해달라고 빌었을 것 같아요"

"처음 탈출할 때 절대로 잡히지 않았을 것 같아요"

"매일 울었을 것 같아요 아무도 안 도와주니까요"

초등 1~2학년의 경우 정형화된 토론수업을 어려워한다. 간단한 질문 나누기로 책 내용을 알아 가는 게 학생들에게 책의 거부감을 줄일 수 있다. 혼자서 책을 읽으면 며칠만 지나도 책 내용이 생각이 안 날 때가 많다. 그래서 학부모들이 우리 애는 책은 많이 읽는데 책 내용을 기억을 잘 못한다는 말을 하는 것이다. 각자 책의 주인공이 되어도 보고 내가 만약 책 주인공이라면 어떻게 할지, 전체적인 책 내용을 친구들과 나눠봄으로써 책을 이해하는데 많은 도움을 받을 수 있게 되면 비로서 책 읽는 재미를 알게 된다.

수업 말미에 책을 읽은 소감을 서로 나눠보고 친구들과 수업한 내용을 정리해서 적어 보게 한다. 독후감은 줄거리를 작성하는 게 아니라 수업하면서 본인이 느낌 점, 새롭게 알게 된 점, 내가 주인공이라면 이라는 간단한 주제를 주고 작성하게 하면 부담스럽거나 어려워하지 않는다. 토론수업을 찬성, 반대를 나눠서 수업 하는 것도 좋지만 초등학교 저학년일 경우 하고 싶은 수업이 먼저 되어야한다.

3, 4학년수업

　　10~11살 역시나 초등 저학년들이다. 1~2학년과 마찬가지로 독서토론을 진행한다. 이 나이 때도 시사로 수업을 하기 보단 1~2학년 보다 책 난이도를 만 조금 올려서 독서토론으로 수업을 진행한다. 이 때 꼭 형식을 가지고 토론을 하지 않아도 책 내용위주로 학생들의 의견을 나눠보는 시간을 갖는다. 책으로 인해 내가 주인공이라면 어떻게 했을지? 책 속의 사건전개는 어떻게 이루어지고 있는지, 등장인물의 성격은 어떤지? 내가 작가라면 책 내용을 어떻게 바꾸고 싶은지도 글로 적어보게 한다. 작성한 글을 가지고 간단한 토론을 하면서 서로 다른 의견에 신기해하기도 하고 엉뚱한 얘기가 전개되면 장난을 치며 친구에게 핀잔을 주기도 한다. 자기들이 생각해도 스토리가 현실성이 떨어진다고 생각하기 때문이다.

조선시대의 사람들의 삶을 어린이의 눈높이에 맞게 해설하고 있는 책.

'옛날 사람들은 어떻게 살았을까?' 책으로 질문 만들기를 했다.

"옛날 사람들은 그릇을 어떻게 만들었을까?"
"옛날 사람은 그림을 그릴 때 어떤 물감을 사용했을까?"
"옛날 아이들은 어떤 놀이로 놀았나요?"
"조선시대 학생들은 어떤 공부를 했나요?"
"왜 조선시대 사람들은 빨래를 집에서 하지 않고 빨래터에서 했나요?"
"우리 작품들이 왜 외국 박물관에 보관되어 있나요?"
"책에 그림을 보며 어떤 생각을 하나요?"

각자 만든 질문으로 서로 묻고, 답하는 시간을 보내고 나면 책 내용을 정리하는 시간을 갖는다.

스스로 답을 찾기도 하고 친구들과 같이 답을 찾아보기도 한다. '옛날 사람들은 어떻게 살았을까' 란 책의 경우 김홍도, 신윤복 등이 그린 풍속화 속에 익살스런 광경들을 많이 볼 수 있는데 그림 한 장 한 장을 보고 어떤 상황인지 적어보게 하는 것도 학생들의 생각하는 폭을 넓힐 수 있는 좋은 방법이다.

그림으로 인한 사건 전개를 각자 어떻게 생각했는지 의견도 나눠보고 그 이유도 질문함으로써 각자 다른 생각을 인정하고 새로운 관점에 관해서도 알 수 있는 계기가 된다.

"옛날 사람들은 어떻게 살았을까? 를 읽어보고 질문 나누기를 해보니 어떤 생각이 드는지 얘기해보자"

"옛날 사람들은 노는 문화가 다양하지 않아서 심심 했겠어요"

"그렇구나 또 다른 의견은?"

"책 속에 나오는 그림이 너무 섬세해서 이해하기가 쉬웠어요"

"아파트가 아니라서 생활하는 데 많이 불편했을 것 같아요"

"조선시대에는 지금처럼 다양한 공부를 하지 않아서 좋았을 것 같아요"

"빨래터에선 어떤 말이 오갔는지 어떤 일이 주로 일어났는지 궁금해요"

"농사일이 힘들었을 텐데 매일 어떻게 할 수 있었는지 대단해요"

"그래 조선시대 사람들은 우리가 생각할 때 매우 힘들고 심심한 생활을 했을 것 같지만 나름대로 재미 있고 즐겁게 살았던 것 같지"

" 네 책속에 나오는 그림을 보면 그리 힘들어 보이진 않아요"

그럼 책 내용도 파악이 됐고 3~4학년 수준의 간단한 주제로 토론을 해본다. 토론 주제는

'한옥이나 흙집에 사는 것이 아파트에 사는 것 보다 건강에 더 좋다'

논리적거나 설득력 있는 토론 내용이 아니더라도 토론 수업을 어렵게 생각하지 않고 재미있는 수업으로 인식하기 위해선 선생님이 개입하지 않고 학생들 스스로 수업을 이끌 수 있도록 도와줘야 한다.

딱히 정해진 형식이 있는 게 아니므로 편하게 의견을 나눌 수 있음을 미리 알려준다.

원탁토론을 진행하듯이 둥글게 앉아서 각자 생각하는 찬성, 반대 주장, 근거를 적어보도 하고 적은 글이 정리가 되면 원탁 토론을 시작한다.

〈영수〉

저는 한옥 집에 사는 것이 더 건강에 좋다고 생각 합니다 왜냐하면 흙으론 만들어진 집이기 때문에 당연히 사람 몸에 더 좋은 영향을 끼칠 것 같습니다.

〈지영〉

전 아파트가 더 건강에 좋다고 생각합니다. 왜냐하면 아파트는 생활하기가 편리하게 되어 있어서 불편한 흙집보단 건강에 좋을 것 같습니다.

〈홍철〉

저는 아파트가 건강에 더 좋지 않을 것 같습니다. 왜냐하면 아파트는 시멘트로 집을 지었고 흙집은 황토로 지었기 때문에 당연히 건강에서 차이가 날 수 밖에 없습니다.

〈재석〉

제 생각은 아파트도 건강에 나쁠 것 같지는 않습니다. 왜냐하면 아파트라도 집안에서 식물을 키우거나 물고기를 키우면 충분히 좋은 환경이 될 수 있기 때문입니다.

〈영미〉

전 아파트나 흙집 둘 다 살아봐서 되는데 현재는 아파트만 살고 있으니 잘 모르겠습니다 .

"자 다른 친구들의 주장을 듣고 질문하고 싶은 사람 질문해보세요"

〈지영〉

"영수에게 질문 하겠습니다 흙으로 만들어진 집이면 좋다고 했는데 어떤 점이 좋나요?"

〈영수〉

"아무래도 시멘트보다는 흙이 더 좋겠죠"

〈영미〉

"재석이게 묻겠습니다 아파트라도 집안에서 식물을 키우거나 물고기를 키우면 건강에 좋은가요?"

〈재석〉

"일단 식물을 키우면 공기가 좋아집니다. 그리고 물고기가 살 수 있으면 사람도 사는데 지장이 없습니다"

질문 만들기나 독서토론을 하기 전 책을 읽고 독후감을 작성하라고 하면 막연히 어려워해서 쓰기 싫어하는 경우가 많다. 앞서 과정을 다 수업했기 때문에 학생들은 힘들지 않게 독후감을 작성할 수 있고 또 간단하게 남아 토론을 진행한 후라서 책에 관한 정리를 더 쉽게 할 수 있다. 그럼에도 불구하고 독후감 작성을 어려워하면 마인드맵을 먼저

그려 보게 하고 책 내용을 정리하게 한다. 이런 과정을 거치고 나면
독후감 작성에 많은 도움을 받을 수 있다. 이렇게 3~4년이 되면 팀
별 토론 배틀은 아니지만 간단한 토론을 하게 함으로써 토론이 막연히
어렵지 않다는 걸 알려줄 수 있다.

5, 6학년

　　12~13살 정도가 되면 사춘기가 시작되는 시기다. 내가 제일 듣기 싫어했던 우리 때는 안 그랬는데 부모님들의 말씀처럼 우리 때는 고등학교 때 사춘기를 겪는 게 일반적이었지만 지금은 사춘기 시기가 상당히 빨라졌음을 알 수 있다. 이때는 자기주장이 강해지고 잘 잘 못을 따지고 좋아하고 자존심도 강해진다. 그래서 부모님과의 의견충돌이 많이 일어나기도 한다.

　　초등학교 저학년부터 꾸준히 독서를 했다면 이 시기엔 수준별 독서를 권해야한다. 독서 토론시간은 개인적인 수준을 다 맞출 수는 없으므로 추천도서나 교과에 관련된 독서 위주로 수업을 진행하면 된다. 그리고 책을 읽은 후 토론 주제를 시사 문제로 연결 시켜 수업하면 학생들의 수준이 상당히 높아지는 걸 알 수 있다. 문제는 초등고학년이 될수록 책을 잘 안 읽어온다는 것이다. 요즘 학생들은 웬 만 한 성인보다 바쁜 스케줄을 보내고 있는 건 안다. 그렇지만 독서토론 수업을 오면서 책을 안 읽어오면 수업 진행이 어려워진다. 선생님이 일방적으로 벌칙을 정하는 것보다 학생 스스로 벌칙을 정하게 해서 수업을 진행하면 책을 안 읽어오는 횟수가 점 점 줄어드는 것을 알 수 있다. 왜냐하면 숙제를 해 온 친구들에게 눈치가 보이기 때문이다. 그리고 본격적으로 형식이 있는 토론으로 수업을 진행한다.

〈안네의 일기〉

1942.6.12 열세 살 생일선물로 받은 일기장에 〈안네의 일기〉를 쓰기 시작하다.

6월 12일은 안네가 태어난 날이면서 〈안네의 일기〉를 쓰기 시작한 날이다. 1942년 13세 생일 선물로 받은 일기장이었다. 안네는 "생일날 테이블 위에 놓여 있는 당신을 보았다"고 일기에 적었다. 유대인 학살이 전염병처럼 퍼지던 시절에 소녀 안네에게 일기장은 단순한 노트가 아니라, 자신의 모든 비밀들을 털어 놓을 수 있는 '마음의 안식처' 이자 절친한 친구였다.

안네는 자신의 일기장을 인격화 시켜 '키티'라고 부르면서 마치 사람에게 편지를 쓰듯, 모든 것을 털어 놓았다. 여느 소녀처럼 예쁘고, 개성이 강하고 발랄한 유대인 소녀는 2년이 넘는 기간 동안 성실하게 일기를 적음으로써 점점 성숙해 진다. 그녀는 이 일기를 통해 나치 치하를 살아냈던 유대인들의 고통의 일대기를 남긴 셈이다.

독일 비밀경찰이 휩쓸고 간 은신처에 버려져 있던 안네의 일기는 이들의 은신생활을 도와주었던 미프 부인에 의해 보존될 수 있었고, 훗날 아버지에 의해 출판되어 전 세계인들의 눈시울을 적셨다. 안네의 일기를 잘 보관하고 있던 미프 부인은 은신처에서도 글쓰기에 열심이었던 '안네'에 대해서 안네의 어머니가 자랑스럽게 한 말을 들려준다.

"보다시피, 우리 딸은 작가랍니다."

"여러분 오늘은 안네의 일기를 읽고 독서토론을 할거예요"
"네"
"모두 책은 다 읽어왔죠"

책상을 둥글게 원탁토론 형식으로 앉아 책의 등장 인물이나 사건에 대해서 간단한 토론을 시작 한다

"자 각자 책에 나오는 안네에 관해서 얘기해 보도록 할게요"

"안네가 원래는 활발한 성격이었는데 은신처에 갇혀 있다 보니 얌전한 성격으로 바뀐 것 같아요"

"고통을 잘 이겨내는 인내심이 많은 것 같아요"

"가까운 지인들이 가스실로 끌려가는 것을 보는 공포가 정말 무서웠을 것 같아요"

"극한 상황 속에서 꾸준히 일기는 쓴다는 것 자체가 대단한 것 같아요"

내가 안네였다면 어땠을까? 란 질문에 모두 안네처럼 하긴 쉽지 않다는 결론을 내렸다. 그냥 무서워서 공포에 떨고만 있었겠다는 의견이 많았다. 하긴 13세 어린 소녀가 무엇을 할 수 있겠나 일기도 쓰고 싶은 마음이 생겨야 쓰는 거지 공포스러운 분위기에서 절대 쓸 수 있는 게 아니라는 생각이다.

안네는 2차 세계대전 때 독일군을 피해 은신처에 살면서 일어났던 일을 꼼꼼히 적고 있다. 어린 나이에 독일군을 피해 다닐 때 마다 가스실에서 지인들이 목숨을 잃었다는 소식을 들을 때 마다 어떤 생각이 들었을까? 학생들은 전쟁이라는 무서운 경험을 하고나면 대인 기피증이 생길 것 같다는 의견도 내놓았다. 책 내용과 등장인물의 성격파악을 마치고 안네의 일기에서 토론할 주제를 찾아보기로 했다.

　현재 안네의 일기가 유명해진 것은 안네의 아버지가 책으로 출판했기 때문에 가능한 것이었다.

　이처럼 일기장 주인이 없다고 해서 일기장을 공개하는 것이 맞는 것인지에 대한 의견이 분분하더니

　독서토론 주제로

'부모님이나 선생님이 일기를 검사해야 한다.' 정했다.

〈찬성〉

1. 일기장 검사를 통해 바른 생활을 하도록 지도를 할 수 있습니다.

　일기를 매일 쓰는 것은 결국 성실해야 함을 말하는 것입니다. 그러므로 선생님이나 부모님이 일기를 매일 쓰라고 하는 것도 일기장 검사를 하는 이유도 바른 생활을 습관화 시키기 위한 한 방법입니다.

2. 글쓰기에 도움이 됩니다.

　일기의 내용은 자기반성도 있지만 나의 하루 일과를 정리하는 글쓰기입니다. 선생님이 일기 검사를 하다보면 글 쓰는 방법에 대해 지도를 해 주실 수 도 있고 그러다보면 글 쓰는 실력이 자연스레 늘어 나게

됩니다.

3. 선생님에게 차마 말 하지 못했던 사실을 글로써 알릴 수 있습니다.

선생님은 교실에서 일어나는 일을 잘 하셔야 하는데 가끔 학생들 사이에 불미스러운 일이 일어날 경우 일기장에 그 내용을 밝힘으로써 자연스럽게 해결 할 수도 있기 때문입니다.

〈반대〉

1. 사생활 침해가 될 수 있습니다.

일기는 하루 동안 자신에게 일어난 일을 솔직하게 쓰는 것인데 선생님이나 부모님이 본다고 생각하면 사생활 침해가 될 수 있습니다.

2. 솔직한 얘기를 쓸 수가 없어집니다.

누군가가 검사를 한다고 생각하면 나만의 비밀을 쓸 수가 없어집니다. 숙제처럼 형식적일 내용만 적게 됩니다. 그렇게 되면 구지 일기라고 볼 수 없습니다.

3. 오히려 스트레스를 유발할 수 있습니다.

글을 쓴다는 것은 쉬운 일이 아닙니다. 매일 새로운 일이 발생하지도 않고 또 매일 반성 한다는 것도 쉽지가 않습니다. 그런데 검사를 받기 위한 글을 매일 쓴다는 것은 오히려 스트레스를 유발 할 수 있습니다.

교차질의

〈찬성〉

일기를 꼭 매일 작성해야 되는 것은 아닙니다. 그리고 선생님의 일기장 검사는 어떤 일이든 꾸준히 할 수 있는 성실함을 지도하기 위한 방법이기도 합니다. 글쓰기는 덤으로 얻을 수 있는 거구요.

〈반대〉

찬성 측에서 글쓰기에 도움이 된다고 하셨는데 일기는 글쓰기를 연습하기 위한 것이 아닙니다.

또 개인의 사생활이 주 내용인데 선생님이 검사하시며 글 쓰는 방법에 대해 지도를 해 주실 수 도 있다는 것은 이해하기가 어렵 습니다.

〈찬성〉

안네처럼 아버지가 일기장을 발견해서 책으로 출판하지 않았더라면 안네의 일기는 세상에 나오기 힘들었을 겁니다. 부모님이나 선생님의 학생 개인의 비밀이나 사생활이 궁금하신 게 아니라 혹시나 모를 학생들의 고민을 해결해주기 위해서입니다. 그런 과정에서 글쓰기 지도도 함께 이루어진다는 근거를 제시한 겁니다.

〈반대〉

일기 내용 자체가 개인의 하루 일과인데 왜 검사를 받아야 되는지 이해 할 수 없으며 어휘력이 안 되거나 맞춤법을 틀리게 쓰는 게 중요한 게 아니고 매일 자신의 일과는 되돌아보고 반성, 하루 정리를 위해 쓰는 것이 일기입니다. 거기에 왜 선생님의 검사가 들어가야 하나요?

안네의 일기를 통해서 알 수 있었던 건 선생님은 아이들의 훈육을 위해 일기장 정도의 개인정보는 열람해도 되는지 평소에 일기장검사에 대해 깊이 생각해 본 적이 없었다는 학생들은 토론을 해봄으로써 초등학생의 특징과 일기장의 특징에 대해서도 깊이 생각해볼 수 있는 시간이 된다.

예비 중학교 1학년

내년부터 토론과 체험중심으로 진행되는 자유
학년제를 실시하는 중학교들이 많아진다. 부산, 경남도 내년부터 자유
학년제를 실시한다고 밝혔다. 한 학기 동안 중간·기말 시험을 치르지
않고 자유롭게 진로를 모색하는 '자유학기제'에서 내년부터 '자유학년
제'로 확대해서 전국 중학교 1500곳에서 실시하는 것이다. '자유학
년제'의 특징은 1년간 중간·기말 고사가 없는 것이다. 어쩌면 정말
학생들에게 본인의 진로 적성을 찾기 위한 알찬 시간이 될 수 있겠지
만 시간을 알차게 보내지 못하면 공부 흐름만 놓치게 될 수도 있다. 이
처럼 '자유학년제의 가장 중심이 되는 수업은 토론, 체험활동이다. 기
존에 디베이트 수업을 경험 한 학생들에겐 더 없이 실력을 발휘할 좋
은 시간이 될 수 있다.

자유학기제는 한 학기 동안 진로 체험을 하고 수업을 자율적으로 운영하는 것이다. 기본 교과 수업도 참여형 토론, 토의 수업으로 바뀌는 경우가 많다. 또 중간, 기말고사 대신 수행평가나 과제로 학생을 평가 하게 된다. 창의성, 소통과 같은 역량을 키우기 위해 토론, 실습 같은 학생 참여수업이 주가 된다. 국어, 영어, 수학도 조별 토론 중심으로 진행되고 과학은 실습과 체험 활동이 프로젝트 실험 등의 다양한 방식으로 진행된다.

자유학년제의 특징은 학생들 스스로 평가하는 자기 평가와 상호평가를 실시하게 된다. 즉 결과보다는 과정을 중요시 보게 된다. 학생들의 수업태도나 학업성취도를 중요하게 평가하는 것이다. 그러나 초등학교와 많은 것이 달라지는 만큼 평소에 스스로 공부하는 습관을 지금부터는 길러야 한다. 중학교 학교 시험은 초등학교 보다 과목수도 더 많음으로 스스로 목표를 세워서 공부하는 자기 주도 학습 태도를 길러야한다. 고등학교 때 성적 올리는 것은 절대 쉽지 않다. 그렇기 때문에 중학교 때 자기 주도 학습 습관을 형성해야 한다.

자기 주도 학습의 제일 좋은 방법은 스스로 문제를 찾고 해결하는 방법이다. 즉 토론 수업으로 자기 주도 학습을 준비하면 된다. 예비 중학생들의 디베이트 수업은 시사, 독서, 과학토론으로 진행된다. 초등학교 때는 자신들과 제일 밀접한 문제에 관한 시시주제 학교에서 휴대폰 소지를 금지해야한다.', 초등학생 이성 친구를 허용해야 한다 '로 토론수업을 했다면 예비 중학교 1학년이 되면 좀 더 사회적인 문제에 접근하는 다양한 시사 주제와 과학, 교과 관련 독서토론도 병행하는 것이 좋다.

대학의 수시비중이 확대되면서 특히 중요하게 여겨지는 독서부분을 '자유학년제' 가 실시되는 중학교 1학년 시절에 충분히 준비해놓으면 책에 관한 흥미도 갖게 되고 다양한 독서로 인해 국어, 영어 시험의 독해도 미리 준비할 수 있기 때문이다. 예비 중학교 1학년들이 하면 좋은 시사주제를 보면

사형제도는 폐지해야 한다.

동물실험은 금지해야 한다.

3D 프린터의 대중화가 인류의 삶을 윤택하게 한다.

묻지 마 범죄는 사회의 책임이다.

자녀는 부모를 모시고 살아야 한다.

인공지능을 세상을 더 풍요롭게 만들것다.

선의의 거짓말은 필요하다.

방관자를 처벌해야 한다.

인간복제 허용되어야 한다.

원자력발전소를 폐지해야 한다.

중학교 1학년부터는 본격적인 토론 수업을 진행한다.
이때 매주 다양한 토론 주제로 수업할 수 있고 형식은 퍼블릭 포럼
으로 진행한다.

〈디베이트 진행순서〉

1. 찬성, 반대 입장 정하기
2. 입안 : 각 팀에서 한명씩 나와 찬성, 반대의 입장을 밝히는 과정

이다.

3. 교차질의 : 상대측 허점을 부각하기 위한 질의 응답.

4. 반박 : 상대측 주장에 반대하는 새로운 주장을 제시하는 것.

5. 요약 : 양쪽 팀의 쟁점을 정리 자기 팀의 논리가 더 우세함을 강조.

6. 마지막 초점 : 자기 팀의 승리해야 할 이유를 설득력 있게 최종적으로 다시 밝히는 것.

3:3, 4:4로 이루어지는 토론배틀 시 모둠조별 각 한 파트씩 맡아 파트별 자기 몫을 잘 수행할 수 있어야 한다. 예를 들어 입안은 맡은 학생은 입안서나, 입안 교차질의까지 자신이 맡은 역할을 충실하게 했을 때 팀원들의 부담감도 그 만큼 덜 수가 있다. 물론 작전타임이 있어 팀원들에게 도움을 받을 수도 있지만 본인이 맡은 파트는 책임감을 가지고 최선을 다하는 습관을 가져야 한다.

이 밖에도 교과와 관련된 주제로 토론을 해보는 것도 학생들에게 많은 도움이 된다. 기존 시험대비 진도를 나가는 수업이 아니다 보니 오히려 더 어렵다고 호소하는 학생들도 있고 반면에 외향적인 학생이나 평소 독서가 잘 준비된 학생들의 경우 다양한 주제로 토론할 수 있어 더 흥미를 가지기도 한다.

중학교 1학년을 대비해서 독서 후기를 작성을 해거나 핵심을 정리해 놓으면 차후 수행평가, 과제 수행 시 많은 도움을 받을 수 있다. 또 글쓰기도 틈틈이 해 놓으면 보고서 작성하는데 도움이 된다. 평소 독서가 습관이 안 되어 있는 학생의 경우 친구들과 독서토론을 하면 큰 도움이 된다. 결국 독서는 고등학교 가서 독해실력으로 나타나기 때문이다. 수동적이었던 학생에서 능동적인 학생이 될 수 있도록 노력하는 자세를 가지는 것이 중요하다.

1년 동안 실시되는 토론과 실습, 참여 형 수업에 적극적으로 참여하기 위해선 평소 다양한 리서치 활동과 경청, 소통하는 능력을 갖추는 것이 많은 도움이 된다. 평소 논리적으로 말하는 연습이 절대적으로 필요하다. 자유학년제가 시험이 없다고 해서 절대 쉽게 생각해서는 안 된다. 지필 시험대신 이뤄지는 수행평가라고 점수를 쉽게 받을 수 있는 것이 아니기 때문이다. 그러므로 토론 수업 시 막연히 찬성, 반대에 관한 정보만 찾을 것이 아니라 조별 활동으로 얻은 정보와 폭넓은 리서치는 필수라고 봐야한다. 중요 교과목도 토론식으로 수업이 진행되는 만큼 절대 소홀히 준비해서는 안 된다.

디베이트 수업의 정착을 위하여

7년이 넘는 시간을 자원봉사로 재능기부로 수업을 해왔지만 아직도 디베이트에 관한 인식은 많이 부족한 게 사실이다. 학부모들이나 학생들의 선택 우선순위는 수학, 국어, 영어 순이다. 최근엔 영어도 절대평가로 학원생이 많이 줄어 든 것만 보더라도 학부모들의 성적에 대한 민감도를 알 수 있다. 당장 절대평가인 영어도 이런데 교과목도 아닌 토론은 오죽하겠나? 교과 성적은 당장 발등의 불이고 토론은 시간되면 하고 구지 시간을 따로 투자 할 필요까지는 없다는 생각을 많이 하고 있다.

현재 초등학교 5학년 수업만 하더라도 토론이 들어있고, 중학교 자유학년제, 고등학교 윤리, 법과정치도 토론으로 구성된 것들이 많다.

그렇지만 당장 성적과 상관관계가 없다보니 아직까지 크게 의미를 부여하는 학부모는 드문 편이다.

21세기 정보화 시대에 단순한 암기, 지식만으로 창의력을 발휘하기는 어렵다. 토론 활동으로 인해 논제 분석 상대방의 주장이나 근거를 비판적으로 듣는 태도, 논리적으로 자신을 주장을 내세우며 문제 해결 능력을 갖추게 됨으로써 미래인재를 대비할 수도 있다. 그런데 미래를 대비하는 건 시간이 필요하다 당장 눈앞의 성적으로 나타나지도 않는 토론 수업은 늘 우선순위에서 밀리기 마련이다.

앞서 학생의 수업결과를 보더라도 토론을 45개월 이상 하게 되면 비판적인 사고방식이 자리 잡기 시작한다. 왜 그럴까? 다른 입장도 있지 않을까? 왜 한 쪽 면만 보고 판단할까? ....
평소에 논리적으로 말하기가 힘들었던 학생들이라 할지라도 3~4개월 정도 토론 수업 후 달라진 점을 뽑으라고 하면 말을 정리해서 하기 시작한다는 것이다. 앞 뒤 문맥이 맞아진다고 보면 된다. 그리고 양면을 볼 줄 아는 안목도 생긴다.

학생들 대부분은 토론 수업 후 수업 시간이 짧다는 의견을 많이 주곤 하는데 학부모님 입장은 또 다른 것이다. 꼭 해야 되는 과목은 아니고 미리 해놓으면 좋은 과목 즉 교양과목의 일종이라고 생각하는 경향이 많기 때문에 구지 수업 시간을 늘려서 까지 수업하는 것을 원하지 않으신다.

내가 디베이트 코치과정을 공부할 당시 전국에서 40명의 선생님들이 모이셨지만 실제로 강사로 활동하시는 분은 많지 않다. 경남에서도 디베이트 코치 과정이 개설되어 200명이 넘는 학부모들이 강의에 참여했지만 실제 디베이트 코치를 하고 계시는 분은 2명~3명 정도밖에 없다. 그 이유는 아직은 인식 차이가 심해서 디베이트가 정착되지 못했기 때문이기도 하고 또 수업을 준비하는 강사 입장에서 수업준비 과정이 너무 힘들기 때문이다.

기존에 다른 교과목은 교제를 구입할 수도 있고 또 도움을 받을 수 있는 통로가 많다. 그런데 토론 수업은 매번 교제를 강사가 만들어야 한다. 이런 점들이 디베이트 코치를 하긴 엔 너무 힘이 든다. 시사 논제일 경우 매주 수업 할 주제가 달라질 수밖에 없어서 교제를 미리 만들 수가 없다. 나도 초기에 이 부분 때문에 고생을 많이 했었다. 지금이야 토론에 관련된 책도 많이 나오고 참고할 사이트도 많아졌지만 7년 전은 모든 것을 혼자 해결해야 됐기 때문에 너무 힘들다는 기억밖에 없다. 다른 수업도 마찬가지겠지만 토론 수업은 특히 학생들보다 오히려 선생님이 더 많이 공부해야 한다. 토론 주제를 선정하기 위해 책도 많이 봐야 하고 신문도 2~3개는 구독해야하고 학생들의 수준에 따라서 논제 난이도 조절도 필요하다.

지난 시간 수업을 진행하면서 말을 더듬는 학생, 말의 논리가 없는 학생, 앞 뒤 말의 순서가 없는 학생, 핵심도 없이 말만 늘려 놓는 학생들이 바뀌기 까지 수업 준비가 힘든 만큼 보람도 많았다. 학부모 입장에선 크게 신경 쓰지 않고 보낸 방과 후 수업이라 별 기대가 없었을 테지만 1년간 수업 후 자녀들이 전국대회 수상, 도 교육감상을 수상하면서 학부모님들의 생각이 조금씩 바뀌기 시작하는 것을 느낄 수 있었다.

문제는 토론 수업으로 인해 우리아이가 변화한 것을 주위에 알리거나 권유하지 않는다는 것이다. 곧 우리아이의 스펙으로 여기시는 학부모가 많다는 사실이다. 물론 지역마다 다르긴 하겠지만 내가 사는 지역은 거의 소문이 나질 않는다. 한번 씩 학부모 설명회를 하면서 소개를 부탁드리면 절대 안 된다고 하신다. 안 그래도 비슷비슷한 스펙으로 경쟁력이 없어지는데 이 수업마저 공유하면 자녀의 특색이 없어진다는 것이다. 서울, 경기도는 유치원까지 토론 수업을 한다고 하는데 경남지역은 아직도 활성화가 되지못한 가장 큰 이유가 좋은 건 나만

해야 한다는 이기심 때문이라고 생각한다.

학부모들은 우리 아이만 좋은 교육을 시키면 된다고 생각하지만 그건 우리 아이의 실력을 향상시키는 것이 아니라 오히려 둔화 시키는 것이다. 토론 수업이 활성화 되면 제일 좋은 점은 학생들의 실력이 그만큼 향상된다는 것이다. 새로운 상대를 많이 만나서 토론을 하다보면 자연히 실력은 늘어날 수밖에 없는 것이다. 그래서 대회 참여를 1번한 학생이랑 2~3번한 학생의 실력은 차이가 날 수 밖에 없는 것이다. 매번 같은 친구들과 토론을 하다가 새로운 친구들과 토론 배틀을 하게 되면 그 만큼 순발력도 늘어나게 되고 경청, 비판적사고, 논리적으로 설득하는 방법도 향상될 수밖에 없는 것이다.

토론 수업이 일주일에 한번은 조금 부족하다는 학부모의 전화가 왔다.

"어머니 학원에만 맡겨 두시지 말고 평소 집에서도 가족끼리 가벼운 토론을 하시면 돼요"
"가정에서 어떻게 토론을 해요 우린 배우지도 않았는데"
"꼭 형식을 갖추고 하지 않아도 평소 가족 간의 대화 시 각자의 의견을 나누는 연습을 하시면 돼요"

"제가요 우리 애 학원 다니기 전에는 대화가 가능했거든요 근데 지금은 도대체 말을 이길 수가 없어요"

"근데요 어머니 말을 하다보면 늘게 되요 자꾸 도망가지 마시구요 해 보세요"

"학교에서도 토론 수업을 많이 하면 제일 좋지만 우리 현실이 수능이 먼저라 좀 힘든 것 같구요 '

"딱히 어떤 시간을 정해놓지 않고 토론이 생활화가 되면 제일 좋아요 그래서 가정에서 부모님이 처음엔 적응하시기가 조금 힘드시겠지만 적응되면 오히려 가족관계도 좋아지고 대화도 많아지고 1석 2조예요 해 보세요"

토론 수업을 받으면서 너무 좋은 변화를 많이 겪었지만 단시간 해결할 수 있는 문제가 아니라서 수업을 망설이시는 학부모도 많이 봤다. 물론 토론 수업이 직접적으로 학교 성적을 올려주지는 못한다. 그렇지만 토론 수업은 스스로 공부하는 힘을 기를 수 있다. 토론 주제에 관한 찬성, 반대에 관한 리서치가 광범위하게 이루어져야 하고 내가 어떤 주장을 펼칠지 내가 주장하고자 하는 근거는 얼마나 타당하고 객관적인지 모두 다 이루어져야하기 때문이다. 이 과정에서 논문, 신문, 독서를 통한 자료조사를 하게 되고 그로 인해 나무보다는 숲을 보는 훈련을 스스로 하게 되는 것이다.

　토론 수업의 제일 큰 장점은 수업 자체를 학생들이 이끌어 간다는 것이다. 보통 교과 수업시간은 초등학생은 40분 중학생은 45분이어도 졸거나 잠을 자는 학생을 한 두 명은 볼 수가 있다. 그렇지만 토론 수업은 다르다 2시간 내 수업이 진행 되도 절대 한명도 졸거나 자는 학생이 없다. 아니 정확히 말하면 2시간도 짧다. 학생들이 수업하는 2시간 내 집중하기 위해선 선생님의 역할이 그 만큼 중요하다. 학생들보단 2~3배의 수업 준비를 해야 하고 수업하는 2시간 내 학생들 보다 더 집중해야만 토론 배틀 후 피드백을 해 줄 수가 있기 때문이다. 학생들이 수업의 주체가 되는 건 맞지만 그렇다고 처음부터 끝까지 선생님의 역할이 구경만 하는 게 아니라 가이드 역할을 충실히 해야 된다. 우리 아이가 나이가 들면 바뀌겠지 시간이 지나면 괜찮아지겠지 라는 막연한 생각만으론 절대 변화를 기대할 수 없다. 기다리지 말고 두려워하지 말고 멀리 보는 준비를 해야 한다. 학부모의 인식이 바뀔 때 토론 수업의 정착은 더 빨라질 것이다.

"7년이란 보람된 시간"

6개월이 넘는 시간동안 고민하고 나를 자책하며 보낸 시간들이
다 보상받는 느낌이다. 그냥 시간만 보낸 7년이 아니었음을 그래서 새삼 더 보람된
시간이었다고 스스로에게 칭찬해주고 싶다.

토론 수업을 시작하면서 꼭 어떻게 해야지 란 목표보다는 나 같이
내성적인 성격을 가진 학생들을 돕고 싶다는 마음이 우선 제일 컷다.
7년 전 처음 경남에서 디베이트 수업을 시작할 때 모두 앞서 가는 게
아니라 현실적으로 힘든 수업을 하려고 한다는 충고 보다는 비난이 더
많았다. 그 당시 디베이트를 강사 과정을 수려한 동기 중 아무도 수업
을 진행하는 사람이 없었고 혼자서 매일 울다시피 수업준비를 한 기억
이 난다. 어디 도움 받을 곳도 없고 딱히 수업에 참고할 만한 책도 없
었기 때문이다.

어쩌다 토론에 관련 책을 발견하면 막연히 토론수업이 학생들 스
스로 공부하는데 도움이 되고 외국은 다 토론식으로 수업이 진행된다

는 원론적인 얘기만 있을 뿐 실체 수업을 어떻게 진행하는지 또 한 교실에 수준이 다른 학생들이 모였을 때 어떤 학생의 수준을 기준으로 수업을 진행해야 하는지도 알 수 가 없었다. 그런 시간을 보내며 반에서 왕따를 당했던 학생이 고등학교 가서 반장을 하고 숫기가 없던 학생들이 이젠 대학생이 되어 과대표로 대학생활 하는 걸 지켜보면서 새삼 나의 7년이 헛되지 않았다는 생각이 든다.

누구나 우여곡절이 다 있고 생각한다. 인생에 사연 없는 사람이 어디 있겠나 남편이 넌 참 드라마틱한 인생을 사는 것 같으니 학생들 사례다 모았다가 책을 내보는 게 어떠냐는 말을 몇 년 전부터 계속해왔다. 토론 수업을 진행하다 보니 주장하는 글은 자신이 있는데 책을 낼 만큼의 글 실력은 도저히 안 되어 매번 미루다가 결국 올해 작심을 하고 책을 쓰게 됐다. 분명히 내가 수업하면서 느끼거나 내 수업으로 인해 바뀐 아이들이 많은데 그것을 글로 풀어 쓰기가 여간 어려운 게 아니었다.

평소에 읽는 책은 항상 정해져 있었고 책을 쓰기 위한 전체적인 부분을 한번 도 생각해 본적이 없는 터라 목차부터 난간에 부딪혔고 목차를 몇 번이나 수정 후 글쓰기를 직업으로 하는 사람은 정말 대단하다는 것을 새삼 실감하면서 누구나 자신이 경험하지 않고는 그 직업에 대해 절대 모르는 것에 관해서 새삼 실감할 수 있었다. 내가 전문 작가가 되려는 것도 아니고 지금껏 토론 수업하면서 보낸 시간을 정리하는 개념이 더 컸는데 처음 시도한 시간에서 6개월이나 지나고 보니 이 글이 과연 책으로 나올 수 있나 걱정도 되고 부끄럽기도 했다.

목차를 겨우 작성 하고 난 뒤 이 작업을 과연 마무리 할 수 있을까? 로 갈등을 빚던 중 남편이 아들과 나를 김 작가라는 호칭으로 부르기 시작했다. 나름 약속을 지키라는 의미도 있을 것이고 작가로 불리기 시작하면 글 쓰는데 도움이 되겠다는 판단에서 그랬을 것이다. "김 작가님 오늘은 글 안 쓰시나요?" 시작해서 "김 작가님 웬만 하면 새벽에 글 쓰지 마시구요 아침 일찍 하세요 건강도 생각하구요" 남편의 격려가 고맙기고 하고 부담스럽기도 했다. 생각처럼 글이 잘 써지는 날도 있었지만 정말 한자도 쓸 수가 없는 날도 많았다. 머릿속에 어떻게 풀어나가야 할지 큰 그림은 보이는데 도저히 시작이 안 되는 것이다.

그런데 차츰 글을 쓰면서 기초부터 정리가 되는 느낌을 받았다. 어떤 분은 글을 쓰면 자기 치유가 된다고 하시던데 난 치유보다는 내가 토론 강사로 살아온 시간들이 정리가 되면서 과연 수업을 잘 하고 있었나? 반성도 되고 또 다른 계획도 세우게 되는 계기가 될 수 있있다. 7년 동안의 삶을 하나하나 짚어가며 그래도 열심히 살았다. 칭찬도 해주고 글 쓰는게 너무 힘든 작업임에도 불구하고 포기하지 않고 끝까지 마무리했음에 스스로 대견하기도 하다.

토론 수업을 하면서 여러 종류의 책을 많이 읽었음에도 한 번도 작가의 힘듦에 관해선 생각해 본적이 없다. 당연히 비용을 지불 하는 것이니 그에 응당한 실력이 되어야 한다고 생각했을 뿐....

학생들에게 책을 읽는 것은 습관이 안 되면 힘들다고 늘 얘기하지만 책을 한권 써보니 차라리 책을 많이 읽는 것이 훨씬 쉽다는 것을 절실히 느끼게 됐다. 또 읽고 싶은 부분만 읽고 책을 덮는 경우도 많았는데 이젠 모든 책이 얼마나 힘들게 만들어지는지 조금이 남아 알 수 있어 책의 소중함을 알게 되는 의미있는 시간이 되었다.

남들이 가지 않는 길은 그만큼에 매력이 있지만 고통도 따른다. 내가 공부한 토론이 지금처럼 필요한 수업이라는 인식이 들 때까지 정확히 7년이 넘는 시간을 재능기부로 기다렸다. 내 실력을 검증하고 싶고 정말 이 수업이 필요한 학생들에게 기회를 주고 싶어서….

주위에서 아무도 인정해주지 않고 무모한 도전이라고 포기를 권유할 때 반드시 당신이 힘든 만큼 보람된 시간이 올 것이라고 확신을 준 남편에게 새삼 고맙고 감사하다.

처음 수업을 받았던 제자들이 이젠 어엿한 대학생이 되어 다른 제자들을 가르치는 걸 볼 때의 희열은 내가 수업하면서 가장 보람된 시간이다. 장래 희망에 디베이트 코치라고 적어 부모님들의 걱정을 사기고 했지만 성적 향상보다 한 사람의 성격을 바꿔주는 디베이트 코치에 더 매력을 느낀다는 그래서 꼭 본인도 나처럼 디베이트 수업을 하고 싶다는 제자가 하나, 둘 나오기 시작하면서 내 힘든 시간이 보상받는 느낌이다.

한 달에 한권씩 책을 출판하는 지인처럼 수준급의 실력은 아니지만 올해 나만의 프로젝트를 달성했다는 성취감에 또 다른 자신감도 생겼다. 그 동안 친구들과 만남도 뒤로하고 사사로운 취미생활도 거의 단절하고 살았는데 이제 다시 시작해야겠다. 항상 체한 것처럼 부담스러웠던 글쓰기가 이제는 하나의 추억으로 남겨지는 시간이다. 또 다른 도전을 하고 싶은 생각이 아직은 무리라고 생각될 만큼 에너지가 많이 소비됐지만 어떤 것보다 더한 성취감으로 지금 행복하다. 6개월이 넘는 시간 동안 고민하고 나를 자책하며 보낸 시간들이 다 보상받는 느낌이다. 그냥 시간만 보낸 7년이 아니었음을 그래서 새삼 더 보람된 시간이었다고 스스로에게 칭찬해주고 싶다.

2017년 겨울

저자 김서영

디베이트 제자들의 후기와 인터뷰

후기 01 안수경
(경북대 고고인류학과 17학번)

중학교 때 저는 중학교 2학년 때 친구 따라 디베이트를 시작하게 되었습니다. 다른 친구들은 1학년 때부터 시작한 터라 저하고 실력 차이가 많이 났고 너무 잘하는 친구들 사이에서 기도 죽고 또 선생님께 피드백을 받으면 정신력이 붕괴하는 경험을 겪기도 했습니다. 하지만 꼭 한번은 디베이트 배틀을 이기고 싶다는 오기 덕분에 여기까지 올 수 있었습니다. 4년이 넘는 시간 동안 디베이트를 하면서 교내 토론대회, 시 대회, 도 대회를 거쳐 전국대회까지 나갈 기회가 있었고 이 경험들은 제게는 너무 소중한 추억이 되었습니다. 디베이트 수업은 단순한 추억에 그치지 않고 제 인생의 전환점이라 할 수 있을 정도로 제게는 많은 변화를 가져다주었습니다.

많은 사람들 앞에서 토론하며 또 팀원들과 많은 토의를 거치면서 내 의견을 정확하게 전달 할 수 있는 용기를 얻었다는 것이 가장 큰 수확입니다. 또 이 수업을 통해 이전보다 더 많은 기회를 얻을 수 있었습니다.
기회가 많다고 해서 무조건 좋다고 할 수는 없지만, 그 만큼 더 많이 시도해 볼 수 있다는 것 자체가 엄청난 차이를 가져온다고 생각합니다. 실제로도 많은 도움을 받을 수 있었습니다.

전 올해 수시에서 학생부 종합으로 지원해서 합격했습니다. 교내 토론 대회에 참가했던 것은 물론 앞서 말했던 용기를 통해 수업에 참여한 것을 토대로 생활기록부를 좀 더 풍요롭게 만들 수 있었습니다. 토론에서 기본이 되는 입론서를 계속 작성해 왔기 때문에 자소서도 다른 친구들에 비해 편하게 쓸 수 있었고 무엇보다 면접을 볼 때 너무 떨려서 말 한마디 하지 못하고 나오는 친구들도 많았는데 많은 사람들 앞에 배틀을 했던 경험으로 전 면접을 편하게 볼 수 있었습니다. 4년간 꾸준히 했던 디베이트로 인해 제게 이렇게 큰 변화를 가져다준 것이 놀랍기도 하고 디베이트를 소개해준 친구들이 고맙다는 생각도 들었습니다.

02 | 정재영
(서울 시립대 도시행정학과 17학번)

1. 고등학교 때 생각했던 대학이랑 대학생이 된 후 대학의 느낌은 어떻게 다른 가요

고등학교 때 생각은 막연히 대학만 입학하면 모든 일이 다 해결될 것 같았지만 대학생이 되고 나니 대학이 크게 중요하다는 생각보다는 제 꿈으로 가는 징검다리라고 생각하고 있습니다

2. 디베이트 수업을 시작하게 된 동기는

중학교 때 학교 방과 후를 통해 디베이트 수업을 알게 됐는데 친구의 권유로 시작하게 됐어요.

3. 수업을 하면서 힘든 점은 없었나요.

제가 승부욕도 강하고 욱하는 성격이 있어서 처음에 다른 친구들에 비해 제 생각을 전달하는데 어려움을 느꼈습니다. 딱히 수업 자체에 힘든 점은 없었습니다.

4. 디베이트 수업 전, 후 본인이 느끼는 변화는?

확실히 이전보다는 생각하는 양이 많아지고 논리적으로 표현하는 법을 배운 것 같습니다. 그리고 다른 사람들 앞에서 제 생각을 표현하는데 두려움이 없어졌습니다.

5. 디베이트 대회는 어떻게 준비 했나요.

저는 대회를 크게 두 번 나갔습니다. 한번은 아주 완벽히 잘하는 친구들이랑 한팀으로 출전했고 한번은 토론을 처음 해보는 처음 하는 친구들과 한 팀이 되어 출전했습니다. 잘하는 친구들과 팀을 이루어 나갈 때는 큰 어려움 없이 대회에만 집중 하며 같은 팀 친구들이 하는 걸 보고 배웠습니다. 그리고 처음 하는 들과 침이 됐을 때는 같이 협동 하는 마음으로 서로 부족한 점을 채워주며 준비 했습니다.

6. 대회 후 느낀 점은?

확실히 그냥 디베이트 수업만 하는 것 보단 목표를 가지고 임하는 것이 단기간에 많은 것을 배울 수 있고 실력도 빨리 향상되는 걸 알 수 있었어요.

7. 디베이트가 고등학교나 대학교 생활에 어떤 영향을 주나요?

같이 디베이트를 한 친구 중에서 제가 가장 영향을 많이 받은 것 같아요 토론을 하면 서 많은 주제를 접하고 자기의 의견을 상대방에게 논리적으로 표현하는 방법을 배웠 기 때문에 어렵지 않게 논술이라는 전형에 접근할 수 있었고 지금 다니는 대학교 논술 로 합격할 수 있었던 것 같습니다.

8. 현재 본인의 목표는

행정고시를 합격을 1차 목표로 삼고 있습니다.

9. 디베이트 수업에 관심이 있는 후배에게 한마디

디베이트를 통해 논리나 설득력을 제일 많이 배웠습니다. 물론 제 가치관이나 성격도 올바른 길로 갈 수 있었다고 생각합니다. 그리고 디베이트가 국, 영, 수보다 중요하지 않다고 생각할 수 있습니다. 하지만 논리력은 대학 입시에도 필수적이고 면접, 논술, 자소서 등 여러 전형으로 스펙트럼을 넓힐 수 있다고 생각 합니다 꼭 대학 입시에 국한되지 않더라도 이 수업은 일상생활에서도 많은 긍정적인 영향을 끼칩니다.
제가 어른이 되어 결혼하게 되면 제 아이들도 디베이트를 시킬 것 같습니다.

인터뷰 03 | 김동민
(서울대 컴퓨터공학부 17학번)

1.컴퓨터 공학과 소개 좀 부탁합니다.

컴퓨터에 관련한 이론과 실제를 배우는 학과입니다.

2. 어떤 전형으로 대입을 준비 했나요.

저는 지역균형 전형과 정시를 준비했고 학교 내신을 챙기면서 여러 대회에 참석했고 대회를 준비하며 배운 경험들을 생활기록부와 자소시에 잘 녹아들게 하여 지역 균등 전형을 통해 서울대에 합격 했습니다.

3. 디베이트는 언제 시작 했어요.

중학교 2학년 때부터 시작했습니다.

4. 어떤 계기가 있었나요.

부모님께서 학원을 가라고 하셨는데 저렴한 수업료를 찾던 중 방과 후 수업을 알게 되었습니다.

5. 디베이트 수업한 기간은 얼마나 되나요.

중2때부터 고2 4년간 배웠습니다.

6. 수업하면서 도움이 된 것은 어떤 게 있나요.

제 생각을 조리 있게 표현 할 수 있게 되었습니다.

7. 디베이트 수업 전이나 수업 후의 본인이 느끼는 변화는 어떤 것이 있나요.

디베이트 수업 전 보다 훨씬 적극적이고 활달한 성격으로 바뀌었습니다.

8. 디베이트에 관심이 있는 후배들에게 한마디 하면

디베이트가 우리가 흔히 생각하는 중요 과목이 아니라고 생각할 수 있습니다. 그렇지만 제 인생에 있어 가장 도움을 많이 받은 수업이었고 성격 변화로 인해 친구의 폭이 넓어짐을 물론이고 가치관 정립에 많은 도움이 됐습니다. 장기적으로 꼭 필요한 수업이란 것을 대학에 진학해보니 더 느끼게 되었습니다. 관심을 갖고 시도해 보시길 바랍니다.

인터뷰 04 | 김도혜
(한국외대 베트남어학과 17학번)

1. 대학을 어떤 전형으로 준비했는지 알려 주세요.

저는 학생부 종합으로 준비 했습니다.

2. 학생부종합으로 준비하면서 힘들었던 점 알려 주세요.

종합전형을 준비할 때 당장 중요한 건 자신의 목표설정입니다. 자신의 진로와 관련된 스펙을 쌓는 것을 보여줘야 하므로 처음부터 자신이 진로를 위해 준비했던 과정을 보여주는 것이 중요 합니다.

3. 디베이트를 시작하게 된 동기

저는 중2 때 처음 디베이트를 접하게 되었습니다. 평소 교육 과정 외 여러 가지 시사를 접해보고 싶었기 때문입니다. 특히 국어와 사회 시간에 시험을 위한 암기식 공부로 인해 제 논리력과 사고력이 많이 부족하다는 것을 느끼게 되어 그 한계를 극복해 보기 위해 입시 위주의 공부가 아닌 주체적인 시각을 길러보기 위해 시작 했습니다.

4. 디베이트가 교과 과목이 아니라서 당장 필요하지 않다는 인식이 있습니다. 어떻게 생각 하나요?

저도 처음에는 그렇게 생각 했습니다. 당장 성적과 상관이 없기 때문에 시간 낭비가 아닐까 하는 생각도 했지만 디베이트를 하면서 친구들과 더 친하게 지낼 수 있는 계기가 되고 그런 시간이 너무 즐거워서 고등학교 때까지 수업을 계속하게 되었습니다. 참고로 저는 디베이트가 저의 성적에 밑거름이 되었다고 생각합니다. 고등학교 때 국어가 새 유형으로 바뀌었을 때도 당황하지 않고 질의 응답하는 것처럼 다음 지문을 예상하며 읽어 좋은 등급을 받을 수 있었고 국어와 사회 과목에서는 디베이트 에서 배운 시사상식으로 추론하는 능력을 기를 수 있었습니다. 또 국어 경시대회에선 발표 상을 받기도 했습니다. 교과를 위한 공부는 성적을 올리기 위한 잠깐의 공부일지 모르지만 디베이트 수업의 경험은 제 종합전형뿐 아니라 수능, 대학생인 현재에도 학점, 리포트 부분에 큰 도움을 주고 있습니다.

5. 디베이트를 어느 정도 배워야 본인과 같은 성과를 볼 수 있다고 생각 하나요.

개인 역량에 따라 또 얼마나 열정을 쏟느냐에 따라 다르겠지만 3~4개월 정도면 충분히 자신감을 가질 수 있다고 생각합니다.

6. 디베이트 수업에 관심 있는 후배에게 한마디

대학을 와 보니 학창시절의 제가 우물 안의 개구리였다는 생각을 많이 하게 됩니다. 교과서를 달달 외우던 저에게 논문과 리포트 쓰기는 매우 힘든 일이었습니다. 제 친구들도 마찬가지였습니다. 다만 제가 그 친구들 보다 좀 더 나을 수 있다면 단연 다베이트의 경험이었습니다. 리서치 했던 기억을 떠올리며 리포트를 작성했고 토론의 경험을 되살려 외국인과 토론하며 팀플레이를 하기도 했습니다. 눈앞에 보이는 공부가 전부가 아니라는 것을 꼭 말해주고 싶습니다. 입시 위주의 교과안에서 선진화된 교육을 접할 수 있었던 점이 제가 사회를 좀 더 폭 넓게 바라볼 수 있는 계기가 되었습니다.

7. 본인의 목표가 어떻게 돼요.

저는 점차 증가하고 있는 한국, 베트남 간 교류와 관계에 힘쓰는 외교관이 되고 싶습니다.

인터뷰 05 | 노기현
(진주교대 17학번)

1. 본인 소개 부탁드려요.

안녕하세요 저는 진주 교육대학교 17학번 1학년에 재학 중인 노기현입니다.

2. 본인이 대학 입학한 전형을 알려 주세요.

저는 수시모집 학생부 종합지역인재 선발 전형으로 합격했습니다.

3. 본인이 원하는 학과에 지원했나요?

네 저는 제가 원하는 학교 학과에 진학했습니다. 어릴 때부터 교사가 꿈이었고, 아이들과 함께하는 것이 좋았는데 결국 교대에 입학하여 제 꿈을 이룰 수 있게 되어 행복합니다.

4. 디베이트 수업이 성적이 좋은 학생만 한다는 인식이 있어요 이 점에 대해 어떻게 생각하나요?

디베이트는 말 그대로 '토론' 입니다. 학교에서 한 번쯤은 토론 수업을 경험해 보셨을 거예요 상대방에게 나의 의견을 전달하며 상대방을 설득하고, 상대방의 의견을 경청하는 자세가 '성적이 좋은 사람' 만이 가능한 일인가요? '학교 시험을 잘 보는 사람들' 만이 말을 할 줄 알고 상대방의 의견을 잘 들을 수 있을까요?

당연히 아니죠. 여러분들도 아니라고 생각하실 거예요 '토론' 은 상대방의 의견을 존중할 줄 알고 자신의 의사만 명확하다면 누구나 쉽게 접할 수 있습니다. 성적과는 전혀 상관이 없습니다.

5. 디베이트를 하면서 제일 힘들었던 점이나 본인이 얻은 점이 있다면?

디베이트를 하면서 힘들었지만, 또 가장 뿌듯하고 얻어갈 수 있었던 점은 당연 '저 자신의 변화' 입니다.

저는 원래 소심하고 소극적이여서 친구도 제대로 사귀지 못했고 남 앞에서 제 의견을 밝힌다는 건 생각도 못 할 일이었습니다. 그런데 디베이트를 접하면서부터 이런 제 성격이 많이 바뀌기 시작했습니다.

친구들과 함께하는 것의 즐거움을 알게 되었고, 타인에게 제 의견을 당당하게 말하고 설득하는 것이 즐거워졌습니다. 고등학생 때는 학생회장을 하게 될 정도로 성격에 많은 변화가 왔습니다. 그 과정에서 제 자신의 변화에 힘든 점도 많았습니다만, 매사에 긍정적이고 자신감을 갖게 된 저 자신의 변화에 만족합니다.

6. 디베이트를 잘할 수 있는 비법을 알려 주세요.

디베이트를 잘 후 수 있는 비법이라 하면 너무 거창하지만 제가 생각하기에 토론을 잘할 수 있는 가장 기본적인 자세는 '일단 뱉고 봐라' 라고 생각합니다. 마음속으로 아무리 많은 생각을 한들, 남의 의견에 아무리 경청한다고 한들 결국 자신의 의견을 말하지 않으면 아무런 소용이 없습니다. 영어 회화를 배울 때 무슨 말이든 뱉어봐야 실력이 늘듯, 토론 또한 적극적으로 자신이 말을 뱉어봐야 실력이 늡니다.

7. 디베이트가 학교 성적에 영향을 준다고 생각 하나요.

네 전 충분히 영향을 준다고 생각합니다. 디베이트를 통해 평소 학습태토를 바꾸어 적극적인 학교생활로 학교성적향상을 이끌어 낼 수 있습니다. 여러분들은 지금까지 어떤 공부를 해오셨나요? 학교 시험에 있어서 외우는 것은 정말 중요한 학습방법입니다. 하지만 그 외운다는 것에는 '이해' 와 '적극성' 이 전제되어야만 합니다. 디베이트 수업은 바로 이 '이해' 와 '적극성' 의 향상을 다룹니다. 토론하기에 앞서, 개인은 토론 주제에 대해 스스로가 모든 자료조사와 준비를 마쳐야 합니다. 그리고 그 주제를 통해서 토론하기 위해선 먼저 자신의 이해가 전제되어야만 누군가에게 자신의 의견을 설득할 수 있습니다. 이러한 과정은 소극적인 자세나 이해를 비제 한 단순 암기의 학습 방법으로는 절대로 해결할 수 없는 문제입니다. 결국, 토론을 배우면서 학생들은 적극적인 자세와 이해하는 습관을 기르게 되고, 이러한 자세와 습관은 학교 성적 향상과 더불어 적극적인 학교생활로 연결될 수밖에 없습니다. 또한 대학입학 후 대학수학과 더불어 학생들을 위한 모든 길이 열려있는 대학생활을 알차게 할 수 있는 원동력이 됩니다. 이 모든 것이 지금까지 제가 토론을 배우고 느끼며 '대학교 1학년의 나' 로 선당이라면서 깨달은 접입니다.

8. 마지막으로 본인의 목표를 알려 주세요.

저는 학교생활을 하면서 학생으로서 경험할 수 있는 모든 것을 느껴보고 싶습니다. 고등학교 때도 그랬고, 대학교 1학년 학생으로서도 그러고 있으며, 앞으로 남은 대학 생활도 그럴 것입니다. 교내외 다양한 프로그램에 항상 먼저 적극적으로 나서서 참여하고 있거든요! 함께 토론했던 친구들과도 교내외 정말 다양한 프로그램들에 참가하고 있습니다. 장기적으로 소통하는 선생님 친구 같은 선생님이 되는 것이 목표이며 마지막으로 후배들에게 토론을 배운 선배로서 모든 경험은 앞으로 여러분들의 삶에 있어 반드시 소중한 밑거름이 될 것이라고 확신합니다.

정도현
(고려대학교 17학번)

1. 본인 소개 좀 부탁합니다.

안녕하세요 고려대학교 환경생태공학부에 재학 중인 정도헌 이라고 합니다.

2. 대입 준비하면서 힘들었던 점은 어떤 것이 있나요?

저는 나름 정시로 대학을 준비하다 보니 수능에 대한 부담감이 컸다는 점이 힘든 점으로 작용한 것 같습니다.

3. 본인이 어떤 전형으로 합격했나요?

전 정시로 일반전형으로 합격 했습니다.

4. 자신만의 공부비법을 알려 주세요.

저만의 공부비법이라고 할 것이 따로 있는 건 아니고 전체적으로 요약하자면 그냥 열심히 한 것 같습니다. 100일 전후부터는 제가 모르는 내용을 하나도 없어야겠다는 생각으로 꼼꼼하게 공부하고 실전 감각을 키우겠다는 생각으로 모의고사를 하루에 한 번씩 풀었습니다.

5. 고려대가 본인이 목표한 대학이었나요?

네 고려대를 목표로 했습니다. 사이버국방학과나 화공생명공학부 같은 입결이 높은 과도 관심이 있었고환경생태공학부도 관심이 있었는데 결국 환경생태공학부에 입학하게 되었습니다.

6. 고려대 환경생태공학부 소개 좀 부탁합니다.

제 생각엔 최고의 학과 같습니다. 서울대, 연세대, 카이스트에 있어서 환경에 특화된 과가 없다고 하니 생명화학대가 유명한 고려대에서는 더욱 내세울 만한 학과인 듯합니다.

7. 디베이트 수업을 하게 된 동기는?

솔직히 처음엔 친한 친구들이 수업에 참여하고 있어서 관심을 가지게 됐는데 첫 수업에 참여해보니 생각보다 재미있었습니다. 평소에 말하는 걸 좋아해서 더욱더 흥미를 느꼈던 것 같습니다.

8. 디베이트가 본인에게 구체적으로 도움이 된 부분이 있다면?

대학을 입학하니 토론할 기회가 굉장히 많습니다. '사고와 표현'에서 난 수업에서 토론을 할 기회가 있었는데 제가 고등학교 때 경험한 디베이트와 동일한 방법이었고 그 경험으로 인해 저의 조가 1등을 하는 좋은 성과를 낼 수 있었습니다. 또 언어적인 수업에서 발표를 잘 하게 된 것 같습니다.

9. 국어, 영어, 수학이 중요한 우리나라 입시에서 디베이트 수업은 시간 낭비라는 시선도 있습니다. 본인 생각은 어떤가요?

솔직히 이런 의견에 있어서는 굉장히 부정적입니다. 국어, 영어, 수학이 중요하다고 하면 대학에서 무엇을 잘 할 수 있을지 의문입니다. 디베이트가 입시 자체에는 도움이 안 될 수는 있지만 대학 생활에 있어서는 큰 영향을 미친다고 생각합니다. 많은 사람들과 생각을 나누는 곳이라는 대학에서 본인의 생각을 논리적으로 말하는 능력은 자신만의 또 다른 무기가 될 수 있습니다.

10. 자신의 목표를 알려 주세요.

약대 진학을 목표로 진학했지만 지금은 변리사나 바이오 계열의 새로운 길도 찾아가는 중입니다. 일단 많은 것을 보고 배우고 싶습니다.

07 | 최민경
(숙명여자대학교 17학번)

1. 자신소개 좀 부탁합니다.

저는 숙명여자대학교 문화관광학과 17학번 재학 중인 최면경입니다.

2. 무슨 전형으로 합격하셨나요.

숙명미래리더 전형으로 학생부 종합으로 합격했습니다.

3. 리더십 전형은 어떤 준비가 필요한가요?

자기소개서와 학생부, 면접으로 이뤄지는 전형입니다. 제가 이 전형에서 가장 필요했던 부분은 자기소개서에 있는 이야기 거리들이었습니다. 이를 위해서는 생기부가 갖춰져야 했고 저는 학교 행사를 중심으로 생기부를 만들면서 자기소개서를 채워나갔습니다. 이 전형은 면접도 빼놓을 수 없는 중요한 부분인데 교수님 두 분과 학생 한명이서 하는 심층면접으로 진행되었습니다.

4. 본인이 리더십 전형으로 준비하면서 제일 힘든 점은?

다른 지역의 학생들보다 적은 스펙을 가지고 있었다는 것과 자기소개서도 학교 선생님들 외에 마땅히 첨삭을 부탁할 곳이 없었다는 것이 힘들었습니다. 그렇지만 면접 준비 같은 경우는 어렵거나 힘들다고 느끼지 못했습니다. 수년간 디베이트 수업을 하며 다져진 기초실력이 있었기 때문입니다.
임기응변과, 시선처리능력 덕분에 수월하게 준비할 수 있었습니다.

5. 디베이트 수업을 어떤 동기로 시작했나요?

중학교 2학년 처음 시작했고요 단순히 남들 앞에서 말을 더 잘하고 싶다는 마음과 좀
더 적극적인 사람이 되고 싶다는 욕심에 시작했습니다. 또 평소에 시사에 관심이 많았
기에 이에 대해 더 구체적으로 배우고 싶은 마음도 수업을 시작하는 동기가 되었습니
다.

6. 디베이트 수업이 성적과 무관하기 때문에 구지 배울 필요가 없다는 인식도 있습니다.

저는 성적에 무관하다는 인식은 잘못된 것 같습니다. 저 같은 경우 중상위권 성적대의
학생이었습니다.

디베이트를 하면서 알게 된 지식에 끊임없이 질문을 던지는 활동을 많이 했습니다.
예를 들면 교차질의를 위한 질문을 만드는 활동처럼요 이런 활동들이 제 경우는 자연
스럽게 교과공부에 도움이 됐습니다.

수업을 들으면서 자연스럽게 질문도 생기고 질문을 통해 답을 얻으면서 성적향상에
도움이 됐습니다.

대학에 입학해보니 시험 없이 팀플로 한 학기를 운영하는 수업이 많습니다. 교수님께
서 묘듈 2개를 제시하면 조원들끼리 자료조사, 해결책 도출, 발표, ppt 제작, 논문 작
성을 해야 하는데, 이러한 수업 유형에서 디베이트 수업의 경험이 큰 도움이 됐습니
다. 사고 확장의 폭이 넓어지면서 다방면으로 생각해볼 수 있는 힘이 생겼고 남들과
차별화된 주제를 도출하여 교수님께 칭찬을 받기도 했습니다. 특히 발표 수업의 경우
상대팀에서 질문을 했을 경우 대답하기 어려운 부분도 임기응변으로 넘기는 여유가
생겼습니다.

대학에 오니 디베이트 수업의 필요성을 절실히 느낄 수 있었고 장기적으로 볼 때 시간
투자가 아깝지 않는 수업이라고 생각합니다.

7. 문화광광학과 소개를 부탁합니다.

저희 학과는 문화대 소속 학과이자 문화관광학부내 2개 학과 중 하나로 문화산업과 관광산업의 전반적인 학문을 다루는 학과입니다. 보통 배우는 학문은 문화와 관광 분야 두 가지로 나뉘며 문화는 공연예술에 대한 지식과 공연 예술 산업, 시각예술을 보는 법, 대준문화산업, 현재 문화 트렌드에 관한 지식들을 배우고 있습니다.

8. 문화관광학과를 준비하는 후배들에게 이것만은 꼭 준비했으면 하는 것이 있다면?

총 두 가지를 알려주고 싶습니다. 하나는 발표와 창의적 아이디어를 낼 수 있는 창의력, 다른 하나는 영어는 꼭 준비하라고 말해주고 싶습니다. 발표실력의 경우 전공수업 특성상 발표할 기회가 상당히 많습니다. 기본적으로 실력이 갖춰져 있다면 전공수업에 적응하는데 무리가 없을 것 같습니다. 두 번째 영어는 학과에서 주어지는 다양한 기회가 많아 영어준비를 잘 해오면 남들보다 많은 혜택을 받을 수 있습니다.

9. 마지막으로 본인의 목포를 알려 주세요.

단기적으로 다양한 문화와 나라를 경험하는 것입니다. 이를 위해 어학공부를 지속적으로 할 예정이고, 일본으로 교환 학생을 다녀온 후 학교에서 지원하는 미국 디즈니 해외 인턴십을 참여하는 것입니다.

장기적인 목표는 테마파크 분야로 취업 놀이공원의 테마 구성, 놀이기구 스토리텔링, 파크마케팅을 구상하는 일을 하고 싶은 것이 제 목표입니다.